# はじめに

もし、猫というものを知らない人に、猫について詳細にイメージしてもらうとしたら、どんな言葉で語ればいいでしょう。長い髭《ひげ》や鋭い爪、感情が表れるしっぽ、柔らかい体毛、あるいは、習性について語ってもいいかもしれません。

ただ、こうして要素を並べてみても、猫らしさというものはなかなか伝わらない気がします。言葉でそれを表すとしたら、途方もない道のりです。

怪談が語られるとき、そこには聞き手がいます。

語り手は聞き手にきちんと出来事が伝わるように、聞き手は語り手の言葉やしぐさから景色や感情を想像しながら、足並みをそろえて出来事の記憶を辿っていきます。

しかし、伝えたいことを一から十まで相手に受け取ってもらうこと、そして相手の話したいことを完全に理解することは、本質的には不可能です。

「赤」という言葉を聞いて、頭のなかに思い浮かべる「赤」は、百人いれば百通りになります。りんごのようなさわやかな赤をイメージする人もいれば、重厚な絨毯のような赤を思い浮かべる人もいるでしょう。

普段の日常会話であっても、相手の気持ちを想像したり、自分の思いを伝えることは難しく、それぞれが自分のなかに蓄えた経験や知識のなかでなんとかコミュニケーションをとるわけですが、怪談は、他者と共有するのがとりわけ難しいジャンルの話に入るのではと思います。


なにしろ、読んで字のごとく「怪異についての体験談」です。

常識では考えられない、目を疑うようなものに出会ったり、あとから振り返っても信じられないような出来事に遭遇したり、名前のつかない不思議なものごととの邂逅についての話です。

たいていの場合、怪異は突然やってきて、発生原因や因果などはわからないまま、通り過ぎていきます。それはあるひとつの独立した出来事ですが、体験者は出来事を理解するために、怪異発生の前後の状況や、周辺で起こった出来事と繋げて想像することで、怪異を中心としたひとつの物語ができていきます。それを誰かに伝えたいと思うとき、怪談が生まれます。

これを読んでいる方のなかには「なにを当たり前のことを」と思われる方もいるかもし

れません。しかし私はこの「得体の知れないものについて、わかりあえないかもしれないことを双方承知のうえで、なお共有したいと思う感覚」こそ、怪談という独特のコミュニケーションの醍醐味なのではないかと、本書の取材をしながらひしひしと感じました。

本書『怪談まみれ』は、二〇二〇年に上梓した『怪談びたり』の続刊です。日本各地に住むさまざまな方から聞かせていただいた怪談四十三篇を収録しています。

前作は、酒場などで出会った人々に聞かせてもらった怪談が多かったのですが、コロナ禍も二年目となり、本作の取材は通話やオンライン会議ツールを使ったやりとりが主になりました。また、私自身も自宅でひっそりと過ごす時間が増えたことで、ふと記憶の底に沈殿していた自分自身の体験を思い起こしたりと、怪談に対してこれまでになくゆっくりと向き合った一年でした。

取材のなかで私はしばしば「そのときどう思ったのですか」「なぜそう思ったのですか」と尋ねました。過去の出来事に対して当時の心情を尋ねるわけなので、体験者にとっては思い出すのが大変なのですが、状況説明の奥にある感情の動きや、言葉で意識することが難しい曖昧な領域に足を踏み入れてもらうと、怪異とそれに出会った体験者の人生が、まるでこれまで知らなかった生きもののように輪郭をもつことがあるのです。

体験者の言葉は記憶を辿っていますが、その言葉の先は耳を傾ける人に向けられています。本書では、そこに怪談の醍醐味があると考え、三人称の記述ではありますが、随所に体験者の言葉を借りています。

そして本書は、ほんの数年前まで普通に生活していたはずなのに、いつの間にか怪談の波に流され、さらわれ、気づけば怪談まみれになった私の記録でもあります。

どうぞ、四十三の怪談にまみれてください。

## 野の怪 147



## 人の怪 193

# 街の怪

# お城

先日、東京での仕事を終えた私は、二年半ぶりに実家に帰省した。

夜遅く、がらんとした特急で水戸駅に着くと、二年半分歳を取った母が出迎えてくれた。実家には祖母と十歳になった猫がおり、母たちは食べきれないほどたくさんの料理を作ってくれ、猫は満腹で横になった私の胸に乗って大きく喉を鳴らした。

四日間の滞在中、私は机に向かって仕事をする必要があったため、ほとんどの時間をひとり別室で過ごした。無自覚にかかっているかもしれない感染症をうつさないように、というのもあった。積もる話はあったものの、会話や接近も最小限にした。

三日目の朝、仕事が休みだった母から「散歩に行こう」と誘いがあった。よく晴れた春らしい陽気だった。私はその誘いに乗ることにした。

せっかくなので行きたいところがあれば足を延ばそうと母は言った。ちょうど仕事で茨城県の心霊スポットについて調べていた私は、水戸の街の隅に建つビルの廃墟に行ってみたいと申し出た。

そこは、クイーンシャトーと呼ばれる廃墟だった。ヨーロッパ風の城の形をした巨大な風俗店で、壁面には巨大なトランプのクイーンの柄が描かれていた。地元の知り合い数名から聞いた噂では、バブル期に開店してから半年ほどで経営難に陥り、店が撤退したあとも建物だけは取り壊されることもなく放置され、いつからか殺された女性の霊が出るという噂が立った。子どものころ病気がちだった私は、週に一度は熱を出して水戸市のさまざまな病院に通っていたが、そのうちのある耳鼻科からよくクイーンシャトーのビルを見ていた。

百貨店の近くに車を停めた私と母は、地図を頼りにクイーンシャトーへ向かった。大通りから道を一本入るといかがわしい店が軒《のき》を連ね、平日昼間にもかかわらず点々と客引きの男性が立っていた。

三分ほど歩くと開けた駐車場が見えてきて、その奥にクイーンシャトーは建っていた。記憶のなかでは真っ白だった外壁は黒くくすみ、蔦《つた》が分厚く建物全体に這って、高い屋根の上まで絡まっていた。ところどころに見える窓ガラスはほとんどが割れ、無機質な室内の様子が少しだけうかがえた。

　敷地は高いバリケードで封鎖されていたが、私はできるだけ建物に近づいて様子を観察したり写真を撮ったりした。幽霊らしき存在はいなかったが、昼間だというのに建物全体から真夜中のような静けさと冷たさが漏れ出ているようだった。

　しばらくして五〇メートルほど離れたところからこちらを見ていた母のところに戻ると

「よくあんなに近づけるね……私、すっごく嫌な感じがしてこれ以上近づけなかったわ」

と眉間に皺《しわ》を寄せられた。心霊スポットと呼ばれる場所を訪れて〝嫌な感じ〟を味わったことがない私はその感覚を少しだけうらやましく思った。

　翌日の午後、東京で「怪談鬼」という番組の収録があった。昼前に東京行きの特急電車に乗った私のもとに、大阪の夫からメッセージが届いた。

「リビングで寝てたら寝室からさくらの寝息が聞こえた」

　私はことの詳細を尋ねた。

　リビングのカーペットで眠った夫は、午前十時四十五分ごろに目を覚ました。横になったままスマートフォンを見ていると、半開きの襖を隔てた隣の部屋にあるベッドから私の大きな寝息が聞こえてきたのだという。

　外で鳴っている音だろうか、と夫は耳を澄ませた。しかし、聞けば聞くほど隣の部屋から聞こえるので、自分が眠っているあいだに妻が大阪に帰ってきたのだと思った夫は、名前を呼びながらベッドに近づいた。しかし、そこには誰の姿もなかったのだという。

東京に到着した私は新宿へ向かった。

打ち合わせを終えて真っ黒なスタジオに入ると、いつもお世話になっているスタッフさんたちが丁寧に出迎えてくださった。衣装にピンマイクをつけて椅子に座り、ひとりで淡々と五話の怪談を語る予定だった。

マイクのテストをし、数台のカメラが回ると、スタッフさんはじっと息を潜めた。私は怪談を一話、二話と語り、切れ目なく三話目を語りはじめたときだった。

話の冒頭でうまく言葉を繋げられなかった私は、一旦やり直しを求めた。そのとき、少し離れた場所でマイクを通した音声を確認していた男性スタッフが手を上げた。

「ちょっと変な音が入ります。確認させてください」

撮ったばかりの映像を数回巻き戻してよく聴いたあと、ヘッドフォンを外して言った。

「やっぱり、深津さんではない別の声が入ります。助けて、と言っている」

スタジオにいた人々は驚きの声を上げた。男性スタッフは当該箇所の音声を流した。語りの声に被さって、確かに遠くに女性らしき声がする。ディレクターがマイクの無線機を調整しながら言った。

「無線式マイクの周波数の問題で、建物の外で同じようにマイクを使っている人がいると、混線することがあるんですよ。もし今回もそれが原因なら、周波数を変えれば直るはずなんですが」

　気を取り直して三話目を語り終えると、男性スタッフは「おかしい、やっぱり女性の声がする」と言った。

　私にとって一日に不思議な現象が二つも起こったのは初めてのことだった。

　映像の一部はその後、動画サイトにアップロードされた。すると、その直後に数人から「あの女の人の話し声は演出ですか」とメッセージが届いた。私はとうとう〝障る〟心霊スポットに行ってしまったのだろうか。

# マジック

心配性な両親のもとで一人娘として育った奏《はた》さんにとって、大学進学を機にはじめた一人暮らしは初めて味わう自由だった。好きな格好をして夜遅くまで遊ぶのも、どこで何を食べるのも、欲しいものを欲しいときに買うのもすべて自分の選択次第だった。

やがて、学内で山内という友人ができた。彼女は遊びに長《た》けていて、奏さんと同じ時期に地方から上京してきたとは思えないほどに美味しい店や変な人間が集まる店をよく知っていた。休みの日にはよく山内が提案する場所へ遊びにいき、時には羽目を外して楽しんでいた。

その夜は都内へ出て何軒かの店をはしごしていた。終電の時刻はとっくに過ぎていたが、通りには人間がたくさん溢れていて、酒が入った二人もなにも気にしていなかった。どんなに行きあたりばったりに歩いても飲み屋の看板があるので、二人は面白くなってどんどん細い道に入っていった。

ひと気のない入り組んだ路地の真ん中あたりまで来たとき、山内が営業中のバーの看板を見つけた。暗い階段を上って二階の扉を開けると、小さなカウンターを囲む客たちがいっせいにこちらを振り向いた。高齢の男性ばかりだったので奏さんは少しひるんだが、店主に促されるまま席に腰掛けて、酒を注文した。奏さんは一杯だけ飲んで店を出るつもりだったが、山内はあっという間に店主や常連客と打ち解けて酒を追加した。

夕方から酒を飲んだ疲れを感じはじめた奏さんはだんだんと場の話についていけなくなり、暗い店のなかをぼうっと眺めた。そして隅のテーブル席に座っている男性の存在に気がついた。客のなかでも特に高齢と思しき男性は、骨張って尖った手で寡黙にトランプを交ぜていた。

奏さんの視線に気がついた店主が男性に向けて「女の子たちにマジックしてあげたら」と呼びかけた。男性はうなずき、奏さんたちはほかの客が気を利かせて譲ってくれた席へと移動することになった。

男性は近くで見ると奏さんの九十代の曽祖父よりも年老いて見えた。ぼろぼろに年季の入った身なりと同じくらい、トランプのカードにも年月が刻まれていた。男性は念入りにカードを交ぜ、扇形に広げて奏さんを指さした。瘦せた眼窩に暗い影が落ちていた。

「これ、一枚選んで」

奏さんは扇の真ん中あたりから一枚のカードを抜き出し、両手で隠して絵柄を確かめた。白黒の衣装を着た道化師が笑顔で玉乗りをしているジョーカーのカードだった。

男性はそれを山札の好きな場所に戻すように言った。真ん中あたりにカードを差し込むと、男性はゆっくりと交ぜて形を整えた。そして、一番上のカードをめくるよう、指でトランプをノックするジェスチャーをした。

先ほどのジョーカーが一番上に現れるのだろう。奏さんは予想したが、出てきたのはありふれた数字のカードだった。

男性は無言のままカウンターで奏さんが飲んでいたグラスを指さした。振り返って確認すると、グラスの下にはコースターのかわりにジョーカーが敷かれていた。奏さんと山内が男性の手元を注視している隙に誰かが仕組んだのだろう。ご老体が思わぬ座興を披露してくれたことに奏さんは声を上げて笑った。その後も、クッションの下や、メニューの隙間から次々にジョーカーが出てきた。

「気に入った？」

男性の問いかけに奏さんがはいと答えると彼は笑った。口元には歯がなく、真っ暗な穴が空いたようだった。

始発電車が動きはじめていた。駅の改札の前で交通系ＩＣカードを入れた財布を取り出そうと鞄を探ったとき、つるりとしたものが指に触れた。古びて角が取れたトランプのジョーカーだった。

「山内見て。鞄にも入ってたの気づかなかった」

カードを受け取った山内は、少し迷ってそれをホームのゴミ箱に捨てた。


それから二度とあの店に行くことはなかった。それは山内も同じだっただろうと奏さんは思っている。あっという間に季節が過ぎ、夏の期末試験の時期になった。

レポート課題の提出期限が間近に迫っていた。真夜中、部屋にこもって課題の追い込みをしていた奏さんは、講義のレジュメを乱雑にまとめたファイルを本棚から取り出して、中身を机の上にばさばさと広げた。レジュメに書き込んだあるメモ書きからアイデアを膨らませて、レポートを書くつもりだった。

折り重なったレジュメを開いたり閉じたりしながら探していると、紙のあいだからなにかが滑り落ちて足元に当たった。手探りで拾ってみると、それはトランプのジョーカーだった。柄も絵もあのときのものと一緒だった。

奏さんはそれをすぐにゴミ箱に入れた。わけがわからなくなり、笑い出しそうな泣き出しそうな気分になった。一度考えはじめたらおそろしくなってしまいそうで、ショック状態の頭を強引に課題に向かわせた。

後日、奏さんはそのときのことを自分の見間違いだったと思うことにした。山内にも連絡はしなかったし、あの店がある繁華街にも、友達に誘われれば遊びにいくようにした。

それから月日が経ち、就職活動がうまくいかず悩んでいるときに、遠距離で付き合っていた社会人の恋人からプロポーズを受けた。奏さんはそれに応じ、彼がいる東北地方で仕事を探して内定を得た。そして、卒業と同時に結婚に向けての同棲をはじめた。

新しい街には小さな商店街があった。のんびりとした雰囲気ながら生活に必要なものはほとんど揃う、地域に根付いたアーケードだった。四年間都心に暮らした奏さんは、そこを歩くとほっと心が安らぐようだった。

ある週末、奏さんと恋人は散歩がてら商店街を通りかかった。小さな古本屋を見つけて恋人がふらふらとなかに入ったので、奏さんもそれに付き合った。

彼を待ちながら文庫本の背表紙をなんとなく眺めていた奏さんは、ずっと読みたかった本の存在をふと思い出した。数年前に流行った小説だったので、書棚には文庫版が三冊並んでいた。引っ張りだしてぱらぱらとめくってみると、あるページで本が大開きになった。しおりのように挟まれていたのは古いトランプのジョーカーだった。

奏さんは驚きのあまり店の外まで飛び出した。トランプがついてきている。考えないようにしていた馬鹿げた妄想が、ほんとうに起こっているのかもしれない。奏さんは少しだけ警察に相談することを考えたが、トランプによるストーカー被害など、どう想像しても真剣に取り合ってはもらえなそうだった。

現在も東北で暮らす奏さんは、いつ訪れるかもわからないトランプとの遭遇をなによりも恐れている。

「すみません、わかりません。なにかありましたか」

中川さんの答えに樋口さんは何度かうなずき、笑顔を作った。

「なにもないのなら大丈夫です。すみません、気にしないでね」

樋口さんの奥歯に物が挟まったような言い方が気にかかったが、二人ともすぐにそれぞれの持ち場に行かなければならなかったので、中川さんはそれ以上深く聞くことはしなかった。その後も彼女とは何度か一緒になったが、後になって掘り下げることでもないように思えた。


二ヶ月ほどの展示期間が最終日に近づくころだった。展覧会が終われば短期のスタッフたちは解散となるため、仲良くなったスタッフたちで最後に打ち上げの飲み会をすることになった。美術館近くの気さくな雰囲気の飲み屋に十人ほどで集まり、これまでの労をねぎらって乾杯すると、皆どんどん酒を飲んだ。

「いやあ、私ずっと怖かった」

離れた席に座る樋口さんの声が聞こえてきた。

「第三展示室でしょう？」

ほかのスタッフが言うと、彼女はそうそうとうなずいた。先日のあの含みのある言い方に関係しているのではと察した中川さんはすぐに樋口さんに訳を尋ねた。すると彼女は声色をすっと下げて話しだした。

「中川さん、私、監視の交代のときに一回変なことを聞いたことがあったでしょう。あのときは言えなかったけど、第三展示室はいつも陽が暮れると変な音がしていたんです」

　そもそも展示室はいつも静寂に包まれていた。音といっても、常時動き続ける空調を除けば、来場者の足音や話し声、パンフレットをめくる紙の音くらいのはずだ。なおも樋口さんは続けた。

「最初は地響きか、気のせいかとも思った。でもずっと聞いていていてそれが波の音だってわかったんです。中川さん、あそこにあった絵を覚えてますか？」

　樋口さんは先日、中川さんに「なにか感じないか」と尋ねたその場所のことを言っていた。彼女はあのとき、第三展示室のある絵の前に立ち止まったのだ。その絵のなかには、暗い海が描かれていた。

　中川さんは、監視のあいだ眺めた絵をありありと思い浮かべることができた。それは画家が心身を患ったと言われる時期に描かれた絵だった。画面に広がる黒い海には重たい雲が立ち込めている。海の手前には異様に細長い姿をした黒い女性が立っている。長い髪が顔の横まで広がり、強い海風を感じさせる。顔の半分が闇に隠れた顔は真っ白で、洞穴のようにぽっかりと大きな口を開けている。

波の音が樋口さんの耳に届くのは決まって日没以降だった。それが樋口さんに絵に描かれた暗い海を想起させた。もしかすると、絵のなかの海が鳴る音が展示室に届いているのでは。そう想像した樋口さんは、いつか絵のなかに描かれた女性が現実に姿をあらわすのではないかという空想に囚われていった。

いてもたってもいられなくなった樋口さんは、ほかのスタッフにも音が聞こえているのか確認を取っていった。すると、樋口さんのほかにも二人、海鳴りを聞く人がいたのだという。

「自分がひとりおかしくなったわけではないと思えたので勤務を続けることができました。ごめんね。今日はせっかくの打ち上げなのだからもう忘れよう」

飲み会は続き、話題は移っていった。中川さんはひとり胸のなかで考えた。画家はあの絵でなにを表現しようとしたのだろう。いや、いったいなにを、閉じ込めたのだろう。

美術館での勤務をすべて終えた中川さんは、それから特別に観たい展示がない限りその美術館に足を運ぶことはなくなった。しかし、当時の展示室の風景は、記憶に鮮やかに残り続けている。

# 予備校

水戸の駅からデパート沿いの道を歩いたところに古い三階建ての雑居ビルがあった。歩道から二階へ延びる階段の途中に、石膏像のデッサンが描かれたポスターが貼られたガラスの扉があり、なかに入ると油絵具の溶剤や塑像用の水粘土のにおいが鼻をつく。重い金属扉を開くと、広い空間にたくさんのイーゼルが並んでおり、制服の上にエプロンをつけた高校生たちが黙々と制作に励んでいる。

県央唯一の美術予備校には、県内の各地から美術大学や美術系の専門学校への進学を希望する高校生や浪人生が集まっていた。月曜日から土曜日までのほとんどの時間そこに通い詰めて、ひたすらに技術の向上を目指して過ごす、小規模ながら刺激的な空間だった。その夏、私は十六歳だった。夏休みの集中講習は朝の八時から午後四時まで休みなく続き、毎日頭と手を動かし続けてくたくたになっていた。

絵画科の教室で怪談話がはじまったきっかけは今となっては思い出せない。周りはおしゃべりが好きな女子ばかりで、いつもアニメやほかの学科の噂話をしていたので、きっと夏らしい話題を探してということだったのだろう。

テレビやネットで見聞きした怖い話をひとりずつ話すことになった。よくある話の連続だったが、声の大きな女子は甲高い声で叫び、怖がりな男子は部屋から出ていった。

怖い話は、ひとつ歳上の先輩の番になった。真面目で物静かな先輩は「話せる怪談はない」と首を横に振った。

「だけど私、あの場所が無性に怖いと思うときがある」

先輩は扉の奥を指差した。そこは階段の踊り場で、先輩の指はさらにその上階――屋上につづく階段の踊り場をさしていた。

そこは確かに薄暗く、じめっとした埃のつもった場所だった。絵のモチーフや粘土の入ったバケツ、古い油絵などが幾層にも重なるように置かれており、古めかしい雑居ビルのなかでも特に年季が入っていた。

大袈裟に騒ぐのが好きな女子たちは、階段の踊り場に幽霊がいて先輩はそれを感じ取っているのだとストーリーを組み立て、抱き合って怖がった。この建物には昔、銀行が入っていたらしいからいろんな人のお金に対する念がまだ残っているのだ、とどこから聞いたかわからない秘蔵情報を出す先輩もいた。

ともあれ、いっときの恐怖ブームはすぐに過ぎ去ってしまった。夜に暗い踊り場にモチーフを取りにいくときなどは少し早足になったが、そのあと踊り場で幽霊の目撃談があがることもなかった。

時は流れて、私は受験の本番を迎えていた。北陸にある第二志望の公立大学の実技試験は五日間にわたり、前半二日間で行われるデッサンの試験に合格した私は、油絵の試験に臨んでいた。

厚い雪が積もる三月のキャンパスで、私は必死で制作をした。あっという間に四日目終了のベルが鳴り、手応えを感じながら冷たい風が吹くキャンパスを出て、携帯からツイッターを開いた。そこで東日本大震災の第一報を見た。

バスや電車を乗り継いで地元に帰ってみると、なにもかもが様変わりしていた。アスファルトはあちこちが隆起してひび割れ、水も途絶えていた。しばらくは家の手伝いをして過ごしたが、十日ほど経ったときに予備校から連絡が入った。私は、自分の画材の片付けと、ともに過ごした友人たちに別れを言うために予備校へ向かった。

予備校へ一歩足を踏み入れると、見慣れた風景とはなにもかも違っていた。石膏像は欠け、高い場所にあったものは落下していた。しかし、幸いなことに当日予備校にいた生徒たちから怪我人は出なかったのだと先生は言った。たくさんのモチーフや私物に溢れる教室のなかで、ものが落下しながらも誰もが無傷だったことを知って私もほっと胸をなで下ろした。

私は自分の荷物を整理するために階段を上った。絵画科のドアに入りかかりながら、ふと屋上へ続く踊り場を見上げた。

そこにはおびただしい量のものが積み重なっていた。壁には亀裂が走り、絵やモチーフはひっくり返って、その上になにかの鋭い破片が飛び散っていた。もしもあの地震が起きたときにこの踊り場にいたとしたら、怪我では済まない状況だったかもしれないとありありと想像できた。

暗い踊り場には太陽光はぼんやりとしか届いていなかった。うずたかく積みあがるものを見て、私の脳裏にいつかの夏休みに先輩が指さして言った「私、あの場所が無性に怖い」の言葉が蘇った。

先輩、あれって予知だったんですか。

# 大使館

黒田さんがアジアの某国にある日本大使館でドライバーとして働きはじめたのは二〇〇〇年代前半のことだった。

大使館のドライバーとしてもっとも重要なのは、なにがあっても要人を安全かつ快適に運ぶことだった。当然レベルの高い運転技術や礼儀作法を求められ、仕事をはじめたばかりのころは覚えることの多さに苦労したが、持ち前の器用さでどんどん仕事を覚え、職場にもなじんでいった。

ドライバーの詰所は大使館の建物の二階にあった。運転業務全般に関わる事務所も兼ねていて、いつも数名のドライバーが待機していた。

ある日、黒田さんは空港まで要人を迎えにいく業務にあたった。一点の曇りもなく磨き上げた黒いセダンで大使館のロータリーを抜け、公道に出てからは安全走行に努めた。空港までの道のりはこれまで何度となく往復したことのある走り慣れた道だった。

大きな交差点で赤信号に通りかかったので、ゆっくりとブレーキを踏み込んだ。法定速度で走行していた車を停止線の手前で停め、信号を気にしながら交差点を左右に走り抜けていく車や横断する歩行者を眺めた。

唐突に車が急発進したのはそのときだった。ブレーキを強く踏みこんでいるにもかかわらず、前進が止まらない。このままでは事故になる。黒田さんは咄嗟にハンドルを左に切り、歩道に乗り上げる形で車の暴走を止めた。

幸い怪我人は出なかった。しかし、それは大使館のドライバーとしてあってはならない出来事であり、重大インシデントとして厳重注意を受けることになった。黒田さんは長い始末書を書き、車はすぐに修理に出された。来賓の待つ空港へは同僚のドライバーが急行して事なきを得た。

仕事に慣れてきた矢先の出来事に黒田さんはひどく狼狽して落ち込んだ。心優しい同僚たちは、再発防止に努めればいいと励ましてくれた。

翌日だった。詰所で事務作業にあたっていた黒田さんの耳に、信じられない言葉が飛び込んできた。

同僚が事故を起こしたというのだ。誰にも大きな怪我はないようだが、数台を巻き込む玉突き事故のようだった。念のため受診した病院から帰ってきた同僚は「交差点に停まっていたら車が急発進したんだ」とつぶやいた。

同僚が運転していた車は、昨日黒田さんが運転していたものとは異なる車だった。二日続けてこんな事故が起こるものだろうか。そもそも、大使館の車は自家用車よりもずっと頻繁に点検や部品の交換をしており、つい先日行った検査でもどこにも不備はなかった。どこからか、車のせいにしているが結局のところドライバーの不注意による事故ではないか、と噂が上り、やがて黒田さんの耳にも入ってきた。

その翌日だった。詰所での勤務中、大使館の館内がにわかに慌ただしくなった。騒ぎの中心に足を運ぶと、大使館の入り口にあるロータリーの縁石にハイヤーの前輪が乗り上げている様子が目に飛び込んできた。

同僚である運転手は動揺を抑え切れない様子で事情を訴えた。円形のロータリーをゆっくりと回って大使館の外に出ようとしていたが、急発進してコントロールを失ってしまったのだという。

奇妙な事故の連続は、大使館中の噂になった。ハイヤーの運転手たちはなすすべもなく事務所で頭を抱えるばかりだった。口には出せないものの、ハンドルを握ることがおそろしく、もう運転などできないかもしれないと黒田さんは震えた。

ふと、事務所の扉を誰かがノックした。振り返ると、そこには見慣れない若い警備員が立っていた。

「お仕事中すみません、少しよろしいでしょうか……」

黒田さんを含む数人が応対に立った。

警備員はおずおずと言った。

「突然変なことを言うようで驚かれるかもしれないのですが、ここ何日か、一階と二階をつなぐ階段の踊り場にあなたたちと同じ運転手の制服を着た方がずっと立っているんです。はじめはわからなかったのですが、通りかかるたびにそちらに佇んでおられるんです。中年で、髪を後ろになでつけています。そしてこの事務所の方向をじっと見ているので、なにか関係があるのではと思いまして……」

それは確かにおかしな話だった。黒田さんは警備員が言う〝髪を後ろになでつけた中年の男性〟を見かけたことはなかった。

「その方は、白髪混じりで、わりと恰幅のいい方ではありませんか？」

警備員の話をじっと聞いていた年配の上司がおもむろに口を開いた。

警備員がうなずくと上司は何度もうなずいた。

「この部署で昔、事故で亡くなった運転手がいるんです。単独事故で、電柱に車をぶつけてしまって。近ごろは思い出さなくなっていたけれど、そういえばもうすぐその方の命日なんです。もう何年も前のことだから、うっかりしてしまった」

それから、部署の面々で階段へ行き、踊り場に向かってじっと手を合わせた。なんの因果か、奇妙な事故はそれからぴたりと止まった。部署では安全運転と交通法規の遵守により力を入れるようになった。大使館での信頼も徐々に回復していった。

それでも黒田さんはハンドルを握りながら時々考えてしまう。事故はいったいどうして連続したのだろう。希望的に想像するならば、故人のドライバーが運転の危険性を教えてくれていたと解釈したい。しかし、同時にこうも考えてしまう。かつて運転手を死に導いた災いが、またしても降り掛かろうとしていたのではないだろうか、と。

# 煙

　勤続十五年目の春、山本さんの会社は社内全面禁煙になった。新卒で入社した当初はエレベーターホールにスタンド式の灰皿があり、休憩時に上司たちと顔を合わせて煙草を吸っていたが、ほどなくして小さな喫煙室が作られ、喫煙者たちはもうもうと濃い副流煙のなかで煙草をふかすことになった。そうかと思うと喫煙室も三、四年で撤廃され、今度は社員たちは屋上へ追いやられた。

　社屋は自社ビルだったが、屋上までの動線は驚くほどに悪く、電気の制御室などを通ってくねくねと階段を上り下りする必要があり、そのあまりの不便さにひとりまたひとりと禁煙をするものが現れだした。ちょうどその時期に煙草が値上がりしたこともあり、山本さんもまた仕方なく禁煙を決めたのだった。

　社内の喫煙者は徐々に減り、やがて猛者たちのみになっていった。しかし数年が経った

に向かった。すると、公道に出てすぐの歩道にものが点々と散乱していることに気がついた。毛布、革手袋、音楽プレイヤー、クレジットカード数枚、車載カメラ。すべて部長の車から持ち出されたものだった。警察が入りよく調べると、車から失われたものはすべて道に放置されていたことがわかった。警察官は、犯人の逮捕は目撃情報の乏しさから難しいかもしれないが、見回りを強化すると言った。

　ある後輩社員が山本さんに耳打ちした。

「あのとき、見ましたか？」

　山本さんは彼がなんのことを言っているのかすぐにわかった。一度にいろいろなことが起きすぎて現場はパニック状態だったが、犯人らしき人影を追いかけるモヤを少なくとも数人は見ていたはずだった。

「部長の幽霊みたいなやつ？」

「そうです。幽霊っていうか、あれ煙っぽくなかったですか？　部長は敷地内では吸ってない体《てい》でいるから、直接は言えないですけど」

　山本さんはうなずいた。一途な愛煙が形となって部長を助けたのかもしれない。

　きんと冷えた冬の空気のなか、開け放たれた車のドアから、車用芳香剤ではごまかしきれない煙草の香りが漂っていた。

# プール

樫本さんは静岡と京都にそれぞれ仕事場を持っていて、二つを行き来するのにいつも自家用車を使っていた。もともと車が好きなので、新幹線を使うよりも運転する方が楽しかったし、車ならば歌をうたうのも煙草をふかすのも自由なので疲れにくいというのが持論だった。

よく晴れた日だった。陽炎がたつ風景を見ながら高速道路を数時間黙々と走行していたが、日光にやられてぼうっとしているのを自覚したので、気分を変えるためにカーラジオのスイッチを入れた。

子どもの歌声が流れだした。聞きなじみのない朗々とした日本歌謡で、歌が終わるとアナウンサーののどかな声で曲名が読み上げられた。

それはどうやら民謡の番組らしく、さまざまな地方の民謡や祭囃子が切れ間なく流れてくる。新鮮ながらどこか懐かしい響きに興味深く耳を傾けながら運転を続けた。

しばらく経ったころ、ある歌がはじまった。

樫本さんは、ハンドルを握る腕に強烈に鳥肌が走るのを感じた。

五十年近く昔の夏の気配が蘇ってきた。


そこは日差しが照りつけるプールだった。確か小学校に上がる前だったはずだ。

福岡県で生まれた樫本さんは、幼いころよく両親と車で旅行に出ていた。

父親の運転する車の窓から海と小島を眺め、辿りついた長崎県島原市のリゾートホテルには子ども用のプールが設置されていた。プールは全体が鮮やかな水色に塗装されていて、小さな背丈でも膝ほどの水かさだった。プールサイドで両親が見守るなか樫本さんはひとりで時間を忘れて遊んだ。

ばしゃ、ばしゃと水を蹴って歩いていたとき、不意に足を踏み外した。

次の瞬間、深い水のなかに身体が落ちた。

棒立ちの体勢のまま水のなかに沈み、なおも下に引っ張られる水流を感じて足元を見ると、足首になにかが巻きついていた。生ぬるい感触は大人の手のようだった。見上げると水面がずっと上に見えた。

耳に水が入って、歌が聞こえてきた。何人もの低い歌声だった。

息が苦しい、もうだめかもしれない。樫本さんは助けを求めて暗い水のなかで歌う人々を探したが、姿はどこにも見えなかった。歌声は続き、水底の方から伸びる手はがっちりと片足を握っていた。もう息が尽きる。樫本さんは焦りのままにばたばたともがいた。すると、足にかかる圧がふっとほどける感触があった。

水面に泳ぎ出て、そのままの勢いで立ち上がった。膝よりも浅いプールに全身から落ちる水が滴った。あたりには歌など流れておらず、どこまでも鮮やかな、全身潜ることさえできないプールがあるばかりだった。耳と鼻が痛くて仕方がなかった。

それから樫本さんは水のなかで聴いたメロディを何度も口ずさんだ。何年経っても、水中で死に瀕《ひん》した恐怖とあの轟くような歌声を忘れることができなかったのだ。

しかしやがて大人になるころには、幼いときの自分はなにか夢でも見ていたのだろうと思うようになった。

いつの間にか歌が終わっていた。ラジオから女性の声が響いた。

「お聴きいただいたのは長崎県の民謡『島原の子守唄』でございます」

「島原の子守唄」は子どもをあやす曲調の守子（子守りをする女性）の歌で、その詞には土地の歴史が映し出されている。

島原は熊本の天草と同様に潜伏キリシタンの里であり、島原の乱で知られる通り、江戸幕府の禁教令によって多くの人々が迫害された。殺害された殉教者は相当な数にのぼり、鎖国が終焉し長崎がキリスト教宣教師の居留地になったころにも、島原では多くの若い女性や子どもが生活苦のために海の向こうへ売られていたという。

歌詞には、身売りをする女性「からゆきさん」が描かれ、守子が貧しい生活の苦しさや身売りの不安を歌いながら、幼い子どもにこう語りかけている。

早よ寝ろ泣かんで　おろろんばい
鬼の池ん久助どんのつれん来らるばい

小さな子どもよ、どうか泣かないで早くお眠り。さもなくば鬼の池（天草）の人買いに連れていかれてしまう。

あの幼い日のプール。樫本さんは深い水のなかで、島原という土地の記憶に触れたのかもしれない。どこからか聞こえた声たちに「早く眠れ、早く眠れ」と言われながら。

それから樫本さんは島原に近づくことができないでいる。

# 怖い通り

〝お父さんとお母さん、事故にあいました〟

母親からの短いメッセージは、直哉さんが昼休憩に入ったときに届いた。取り乱しそうになるのを抑えながら社外に出て電話をかけると、思ったよりも元気そうな母親の声が聞こえてきた。

「お父さんと二人で車に乗っててん、もう完全にもらい事故！　危ない車が突っ込んできたの！　お父さんもお母さんもちょっと身体をぶつけたから病院に行くけど、心配しなくていいからね」

母親の声の後ろには、絶え間なくサイレンの音が鳴っていた。

「それで、今二人はどこにいるの？」

「救急車！」

慌てて午後から翌々日まで有給休暇を取った直哉さんは、急いで帰宅して簡単なしたくを済ませ、新幹線に飛び乗って実家がある神戸市に向かった。

駅で拾ったタクシーを病院で降り、大きな受付で名前を告げると、両親が入院していることを聞かされた。

病室で顔を合わせた二人は想像よりもずっと元気そうだったが、母は肋骨を一本骨折し、父は肩の関節を捻挫していた。

「あと頭とか内臓とか、表からは見えにくいところをもう少し検査せんとあかんから、ちょっとだけ入院やって。まあ、なんということはないでしょう」

母は骨が折れているとは思えないほど明るく言った。一方で、怪我の程度が母より軽いはずの父は深くうなだれ「俺の車、廃車だよ」と何度もつぶやくので、直哉さんと母は少しだけ笑った。

しばらくすると、歳の離れた高校生の妹が入院の荷物を持って病室にやってきた。久しぶりの家族団欒をまさか両親が入院する病室ですることになるなんてと、直哉さんは帰省を先延ばしにしてきた数年間を深く後悔した。

陽が暮れてきたので、直哉さんは妹とともに実家に帰ることにした。妹は自転車を押し、直哉さんは横を早足で歩きながら、お互いの近況をあれこれと話し合った。直哉さんにとっては学生時代の通学で歩き慣れた、徒歩二十分ほどの道のりだった。

「病院が近くて通いやすいっていうのは不幸中の幸いやな」直哉さんは言った。

「だって事故現場が近所やもん。お父さんとお母さんがぶつかられた場所って、家の近くの女子校を曲がったところやで」

妹が言う場所は家からほんの四、五分の距離だった。記憶にある限りそこは見晴らしもよく、交通量もそれほど多くはないはずだった。

兄妹は事故現場に立ち寄って帰ることにした。警察や事故車両はすでに引き払ったのか、あたりはしんとしていたが、車のライトらしき透明な破片が地面に散らばっていた。

そのとき、直哉さんは十年以上前の出来事を思い出した。

高校時代のことだ。二年生の秋にクラスメイトの女子と付き合いはじめ、放課後には家の方向が近い彼女を送ってから自宅に帰っていた。彼女の家から自宅まで夜道をひとりで歩く道すがら、この場所に差し掛かると、いつもなんの前触れもなくぽたぽたと鼻血が垂れてくるのだった。

その話をすると妹は「彼女に興奮しすぎやん、気持ち悪いって」と大笑いしたあと「いや、でも怖い。それは」と言った。

「私はお兄ちゃんのその話を今、初めて聞いたけど、なんか似てるねん。私、この道を通ってバイトに通ってるねんけど、この場所で何回も転んで怪我してるねん。これもそうや」

妹は足の脛《すね》にできた大きな青あざを指さした。

一家全員がその場所で血を流し、怪我を負っている。偶然にしては気味が悪かったので、念のためあたりを歩いて調べたが、直哉さんの家との因果を感じるようなものはなにも見つからなかった。

それから、精密検査を受けた両親の身体からは大きな問題は発見されず、怪我の予後もすこぶる良かったので、直哉さんは安心して東京での暮らしに戻ることができた。やがて付き合っていた女性とのあいだに子どもができ、ばたばたと入籍や結婚式をして、生まれた娘が二歳になるころには、両親は還暦を超え、妹は短大を卒業する年齢になっていた。

ある年のお盆、直哉さんは妻と娘を連れて神戸に帰省した。両親は孫を熱烈に歓迎し、妹もかわいいかわいいと大騒ぎで娘と一緒に遊びまわった。

ところが数時間もすると、慣れない環境と人に疲れたのか、娘が激しく癇癪《かんしゃく》を起こして泣きはじめた。誰がなだめても娘の怒りのボルテージはおさまらず、なんとか落ち着かせるために直哉さんの妻は娘を抱いて散歩に出かけた。

　そのあいだに、直哉さんたち家族は、スイカを切ったり、寝床を整えたり、古い絵本を引っ張りだしたりしながら二人の帰宅を待った。すると思いのほか早く娘を抱いた妻が帰ってきた。

　妻は慌てた声で絆創膏のありかを聞いた。見ると娘は両膝と手のひらを擦りむいていた。消毒を終えたあと、疲れて眠ってしまった娘を見ながら、妻が言った。

「大きな学校がある道沿いを歩いてたら、急に怖い怖いって言いだして、繋いでた手を振りほどいて、走りだした勢いで転んだんです。あそこって、昔なにかあったところなんですか?」

# 放課後

楓さんが十代でもっとも楽しかったのは高校二年生のころだった。大阪の街中にある女子校に通い、昼食も放課後も週末もどこへ行くのもクラスメイトと一緒で、心配事はまだなにひとつなかった。

高校の最寄り駅から梅田までは一駅の距離で、楓さんと友人たちは放課後になると毎日のように寄り道をしては、ファッションビルを冷やかしたりファストフード店で終わりのない雑談を繰り広げたりした。

そのころ楓さんの周りではプリクラブームが起こっていた。楓さんも少し前からゲームセンターなどにスナップ写真をシールにできる機械があることは知っていたが、テレビでＣＭが流れたり、撮ったシールを友達に見せてもらったりしているうちに、気がつくとプリクラをノートにまとめたり、友達同士で交換したりする文化ができていた。

その日の放課後は、カラオケで遊んだあと、梅田の繁華街にあるゲームセンターに足を運んだ。友人と二人でクレーンゲームやワニ叩きを楽しみ、遊んだ記念にプリクラを撮ろうということになった。

店の隅に並べられた筐体《きょうたい》の周りには誰もいなかった。背よりも高い大きな箱の周りには、背景を覆うための簡単なカーテンがついていて、その内側に入って小銭を入れると、メニューの選択がはじまった。

まずはじめに、顔の周りを彩るフレームを数種類のなかから選んだ。格闘ゲームの筐体と似たレバーを操作して特に可愛いらしいデザインのフレームを選び、レバーの横にある緑色の決定ボタンを押した。キャラクターの声が撮影開始を案内した。

画面の奥に自分たちの映像が映し出され、楓さんと友人は笑顔でピースサインを作った。シャッター音のあと、撮った写真が画面に数秒映し出され、すぐに次のフレームの撮影になった。

二人は先ほどとポーズを変えて、画面を見ながら最高の笑顔を作った。大きなシャッター音が鳴り、画面が暗転したあと確認のための画像が映し出された。

弾けるような笑顔の二人のあいだに横並びになるように誰かが映っていた。面長の男性で、真っ白い顔をうつむかせながら口をポカンと開けていた。カーキ色の丸いヘルメットを被り、襟の詰まった同じ色の服を着ていた。その姿は旧日本軍の兵隊そのものだった。

楓さんと友人は悲鳴を上げた。次のフレームの撮影がはじまったが、映像で見る二人のあいだには誰もいなかった。もしもいたずらで誰かが入ってきたのなら、二人と顔が横並びになるほど近づく前に気がつくはずだった。ところが、その気配を感じないどころか、後ろのカーテンは揺れてすらいなかった。

混乱しているうちに撮影は終わり、コトンと音を立てて足元の取り出し口に写真が落ちてきた。四つのフレームのうち三つは楓さんと友人が映っているのみだったが、残りのひとつには三人の姿が写っていた。取り出してみると、ほかのフレームはギザギザとした粗い質感だったが、日本兵は楓さんや友人と変わらない質感で写り込んでいた。

二人は撮ったばかりのプリクラを椅子の上に放置して、かたく抱き合って走りながらゲームセンターから逃げ去った。

楓さんはそれからしばらくのあいだ、プリクラはおろか写真に撮られることさえ避けて暮らした。

# 地底

都市の地下にはさまざまなものが埋まっている。

地下鉄や地下河川、電気や上下水道の管、大雨に備えた排水施設など、生活に必要なインフラが地中を巡り、人々の生活を支えている。

青木さんは、ある都市でインフラの保守点検の仕事をしていた。華やかな街の一等地にそびえる立派な自社ビルの専用エレベーターから、地下へ潜った場所が青木さんの職場だった。地下数十メートル。だだっ広い空間には一年中湿った空気が漂い、電灯が煌々《こうこう》とついているはずなのにいつもどこか仄暗かった。明るい地下街もにぎやかな地下鉄もはるか上方にあった。

青木さんの業務は、地域の特殊インフラ系統を管理する巨大なサーバールームで各機器に異常がないか点検することだった。

しかし、この日はいつもと違う業務にあたることになった。

それは洞道《とうどう》の点検業務だった。

洞道とは、インフラ設備管路のなかでも、人間が立ち入ることのできる広さにつくられたトンネルである。地域のインフラを担う設備に不具合があってはいけないので、機器の劣化のチェックや災害対策のため、地下の社員が時々見回りをすることになっていた。

洞道に向かうことになったのは青木さんを含めて四人の職員だった。

サーバールームからさらに階段を降りて、狭く暗い通路を渡った先に洞道に入る小さな金属扉がある。先を歩いていた上司が鍵を開け、洞道へと入っていく。

青木さんは憂鬱だった。洞道の保守業務にはまれに当たるが、いつも異様なおそろしさに囚われるのだ。

人が立ち入れる広さとはいえ、当然ながら自分たち以外には誰もいない。生き物の気配がしない無機質な空間が、ずっと遠くまで延びている。

青木さんはいつも、自分がまるで深い海底に取り残されたような気分になるのだった。

さっさと仕事を終えて普段の業務に戻りたい。

そう思いながら、点検をはじめようとしたときだった。

突然頭上でけたたましい音がした。

全員が飛び上がり、仕事の手を止めて頭上を見やった。

〝ガーン、ガーン、ガーン〟

衝撃音はゆっくりとしたリズムで繰り返され、空間に反響して幾重にも響き渡った。

「あ……足だ。足の音だ」

同僚が震える声で言った。

青木さんにも、それが人間の足で乱暴に踏みつけるような音に聞こえた。

青木さんは混乱した。ここに自分たち以外の人間がいるはずがない。洞道に入るには、必ず許可を得る必要があるのだ。いや、そもそも、上に誰かが入ることなど構造上できただろうか？

「上に空間なんてない。だってここは地面のなかなんだ。上なんて、人間が立ち入れる場所じゃない……」

上司がつぶやいた。

足音は、ここから出ていけと主張するかのように、いつまでも鳴り響いていた。

その日から、青木さんが洞道に抱く怖さの種類が変わった。

そこに誰もいない怖さではない。

そこになにかがいる怖さになったのだ。

# 清掃

彩子さんは週に五日、清掃会社のアルバイトを掛け持ちして働いていた。朝から昼までは駅前のデパート、午後からは市が運営している公民館へ通い、隅々までぬかりなく掃除をして、子どもたちが高校から戻ってくるころに家に帰る生活を送っていた。

もともと子どもの進学に備えて貯蓄を増やすために気軽な気持ちではじめたアルバイトだったが、大勢の人と人間関係を築くのが億劫《おっくう》な彩子さんにとって、ひとり、ないしは少人数で黙々と汚れを磨き上げる仕事はとても性に合っていた。

掃除は必ず工程表に従って行う必要があった。それは彩子さんが雇われている清掃会社とデパートとのあいだに結ばれたもので、フロアごとに清掃が必要な場所と清掃方法が細かく定められていた。清掃員はそこに書かれているすべての項目を時間内に満たしていく決まりだったが、それは、工程表に載っていない内容の掃除をしてはいけないという決まりでもあった。

その日も、いつもと同じ仕事をする段取りだった。

朝早くデパートに到着した彩子さんは、ユニフォームに着替えてさっそく仕事に取り掛かった。

工程表を確認しなくても適切な順序で動くことができた。ガラス扉を拭き、エレベーターのボタンやエスカレーターの手すりを消毒し、オブジェに積もった埃は置いておいて、ゴミ箱をまとめてゴミステーションへ持っていき、箒と掃除機を駆使して隙間の埃を取り払い、固くしぼったモップをかけて、落とし物があればすぐにインフォメーションセンターに届けた。

最後にお手洗いの清掃が待っていた。お手洗いは、人が特に汚れに対してデリケートになりやすい場所だったので、ほかのフロアよりも気合を入れて取り掛かる必要があった。デパートのお手洗いは現代的で広々とした明るいつくりで、少しの汚れでも日につきやすいので、隅々まで掃除をするのには意外と骨が折れた。そういうとき、彩子さんはいつも国鉄の職員だった濱口國雄の『便所掃除』という詩を思い出した。それは汚れた便器を清掃していく過程が描かれた詩で、清潔になった便器にはね返る光の描写に、黙々と手を動かす彩子さんはいつも励まされていた。

五つある個室は、館内のどこよりも清潔と言えるほどピカピカになった。長い時間無理な体勢をして頭に血が上ってしまったので、少しふらつきながら立ち上がり、ひと息入れる間もなく洗面ボウルの掃除に移った。

そのとき、鏡越しに真後ろにある個室のドアがゆっくりと開くのが見えた。それは先ほどまで自分が掃除をしていた個室だった。なかから誰かがすっと出てきて、目が釘付けになった彩子さんに一歩近づいた。

「あんた、病院行ってよ」

そう言って鏡越しに去っていったのは、ほかでもない自分自身だった。

その晩、彩子さんは家族にこの出来事について話してみた。馬鹿にされて終わりかと思ったが、意外にも全員から「次の休みに全身検査を受けてくれ」と頼まれた。彩子さんはそれまで病気や怪我とは無縁だったが、家族を安心させなければという使命感と、もしかするとただごとではないかもしれないという思いで、翌週、総合病院にかかった。初期の胃がんができていた。

彩子さんは今でも、あのとき忠告をしてくれた存在に深く感謝している。

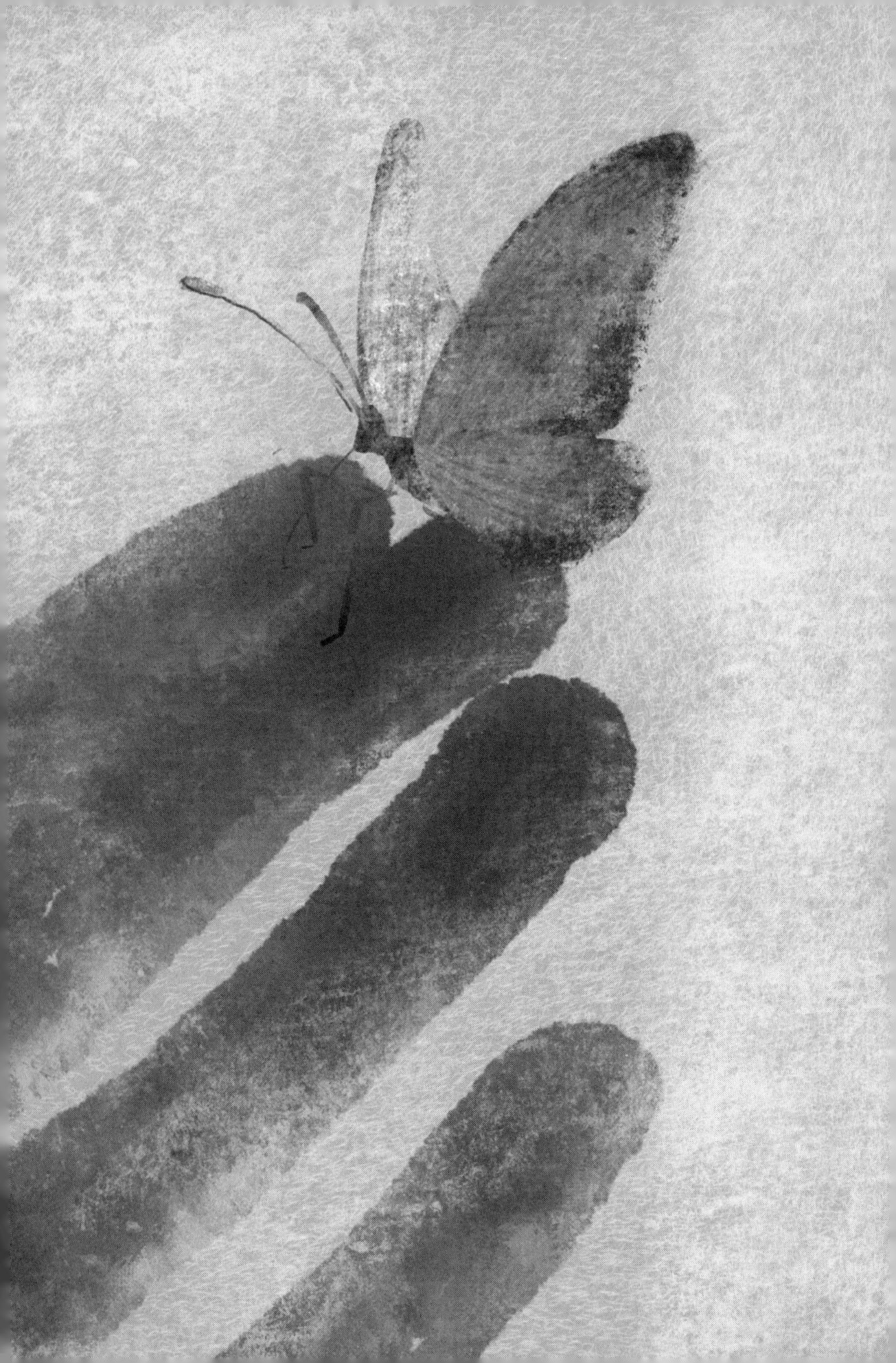

# 家の怪

# こけし

ＪＲ原宿駅から竹下通りに入り、細い道を曲がった先にその神社はあった。毎月第一日曜日に開かれる蚤の市は、古道具を売る人や求める人で朝早くから大変なにぎわいを見せていて、その日友人に誘われて初めて蚤の市を訪れた美波さんも、その雰囲気にすっかり魅了されていた。

陶磁器、カメラ、衣類、文房具、家電、キャラクターグッズ、用途のわからない雑貨など、各店が広げた敷物の上にはありとあらゆるものが並べられていた。なにか蚤の市を訪れた記念になるようなものを買おうと決めた美波さんは、ゆっくりと店々を回って候補の品を選んでいった。しかしどれも決め手がなく、悩みながら歩いていると、ふと、様々な大きさの人形を並べた店に目が留まった。どうやら年代物の人形ばかりであるらしく、ぬいぐるみや着せ替え人形、怪獣のフィギュアなどが格安で売られていた。

　美波さんが気になったのは、木箱のなかに大量に転がる、小指の先ほどの小さなこけしだった。美波さんはこけしを間近で見るのは初めてだったが、手に取ってみるとすべすべとして、ひとつひとつに異なる顔や柄が描かれていた。目が大きいもの、素朴なもの、楽しそうな笑顔のもの、淡々とした表情のもの。あれこれひっくり返して見ていると、折り畳み椅子に腰掛けた高齢の店主はにこやかに言った。

「一個でも百円、十個でも百円」

　そのおおらかな値段設定も気に入って、美波さんは個性のばらばらな十体のこけしを買うことにした。一人暮らしのマンションに帰って靴箱の上に整列させてみると、学生用の簡素なワンルームが一気に可愛らしくなるようだった。

　奇妙なことが起こりはじめたのはそのころからだった。


　ある夜だった。美波さんはひどい風邪をひいてベッドにうずくまり、止まらない咳と発熱に耐えていた。咳のしすぎで背中が痛んで仕方がないのに、猫背になってひたすら時間が過ぎるのを待つことしかできなかった。眠るに眠れず目をつむっていると、ふと背中にじんわりと温かいものが触れていることに気がついた。それは柔らかく静かに背中を往復しながら、トントンと背中を叩いてくる。まるで大きな手のひらのようだと美波さんは思ったが、いったいなにが起こっているのか見て確かめようにも、ちょうど首の回らない位置にそれがある。美波さんは怖いと思う余裕もなく、手のようななにかに背中を委ねることにした。ゆっくりと時間は過ぎ、いつの間にか眠りに落ちていた。

翌朝目を覚ますと、熱も咳もすっかり落ち着いていた。

またある夜、シャワーを浴びはじめたところで、美波さんはキャビネットにしまっているバスタオルを風呂の扉の前に持ってこなければいけないのに、すっかり忘れていたことに気がついた。そうなると風呂を出たあとに身体が濡れた状態で部屋の端のキャビネットまでバスタオルを取りにいかなくてはならず、部屋に敷き詰めたカーペットが濡れると不快なにおいが漂う。美波さんは忘れっぽい性格の自分に激しく落胆した。

シャワーを浴び終えて、できるだけ全身の水を切ったあと、美波さんは意を決して風呂の扉を開けた。するとすぐ足元に、部屋にあるすべてのバスタオルがきちんと積まれていた。驚いて部屋を見回したが、誰かがやってきたような気配はどこにもなかった。

ほかにも、ある朝に頬をトントンと触られて目を覚ますと遅刻寸前の時間だったり、長いあいだ探していたものが床にぽつんと落ちていたり、どういうわけかわからないが美波さんにとってありがたい出来事が続いた。

ただ、全部が全部ありがたいことばかりではなかった。先日蚤の市で買ってきたこけしがポツポツと消えてしまうのだ。こけしが減っていることに気がつくたびに玄関周辺をくまなく探すが、さっぱり見つからない。特に友人が遊びにくるわけでも、頻繁に出入りがあるわけでもないので、これといった原因も思いつかず、こけしが忽然と消えてしまうという表現がぴったりだった。

ある夜だった、美波さんは大学から自宅のマンションへ自転車を漕いでいた。道に車の姿はなく、気持ちよくスピードに乗っていると、突然暗い脇道からぬっと軽トラックが突き出してきた。ぶつかる寸前で咄嗟にハンドルを切った先には、柵のない用水路が流れていた。ブレーキが間に合わない。

前輪が空中に飛び出す直前、美波さんはぎゅっと目をつむった。

ところが車輪はそのまま地面を噛んで回り続けた。まぶたを開けると自転車は道の真ん中をまっすぐ走っていた。

いったいなにが起こったのだろう。時間差で全身から冷たい汗が吹き出し、へなへなと力が抜けてしまった美波さんは、自転車を降りて道の端にしゃがみ込んだ。

眼下に用水路の穏やかな流れがあった。葉っぱや塵がゆっくりと運ばれるなかに、小さなこけしがくるくると流れていくのが見えた。

# 海の道

クラスメイトから家に泊まりにおいでと誘われたのは六月だった。広島県の田舎町に暮らす高校生だったいずみさんにとって、友人の家に泊まることはお祭りのように特別な出来事だった。

金曜日、通学鞄とは別に着替えや歯ブラシを詰めたバッグを持って登校したいずみさんは、放課後に友人が部活を終えるのを待って、誰も残っていない教室で待ち合わせをした。

二人で校門を出ていつもとは違う道を歩きながら泊まりの計画を話していると、友人は「きょう親は家にいないんだ」と教えてくれた。どうやら、友人の両親は娘たちに気を遣って別邸に泊まってくれるらしい。ありがたい配慮に感謝して、これからはじまる友人との自由な時間に胸を躍らせていると、暮れかけた道に路線バスが到着した。

バスに乗り込むと、自分たち以外に乗客は男性ひとりしかいなかった。いずみさんたちは一番後方のベンチシートに座り、小声でおしゃべりを続けた。

いずみさんが普段通学で使う街道を過ぎて、バスは海沿いの道を走りはじめた。バス停をいくつ過ぎても新しい乗客が乗ってくることはなく、途中のバス停で男性客が降りると、とうとういずみさんたちは二人きりになった。

夏至が近い空に夜が迫っていた。青黒く暮れかけた海に瀬戸内の島々が浮いているのを横目に見ながら、いずみさんたちは数十分バスに揺られていた。

やがて完全に暗くなったころ、もうそろそろ降りるよと友人が言った。二人はバスの揺れに注意しながら前方に移動して、まぶしいライトが暗い海の道を照らすのを眺めていた。

そのとき、バスの明かりのなかに唐突に人が現れた。青い手押し車を押す高齢の女性が、道路を横断している姿だった。

「おばあさんにぶつかる！」

いずみさんは大声を上げた。しかし、バスは一瞬驚いたように速度を緩めただけで、またエンジン音を上げて走りだしてしまった。

「おばあさんが、今おばあさんが……」

いずみさんの取り乱した訴えに友人は首を傾げた。おばあさんなどいなかったと言うのだ。戸惑ういずみさんをなだめながら、友人は運転手にも同意を求めた。運転手は前方を見たまま「まあ、おらんかったと思うわ」と言った。

それでもいずみさんは、視界に映った手押し車の鮮やかな青を見間違いとは思えなかった。


友人の家は、増改築を繰り返した面白い間取りだった。二人は居間で友人の母親が作ってくれていた夕飯を食べ、途中の商店で買ったお菓子をつまんだ。テレビゲームをしてマンガを読み、噂話をして、夜遅くに風呂に入った。そのころにはいずみさんもバスでの出来事をすっかり消化して、友人との時間を心から楽しんでいた。

友人の部屋は廊下を渡った離れにあり、壁も屋根もトタンでできた小屋のようなつくりになっていた。十畳ほどの室内には、すでに来客用の布団がふたつ敷かれていて、至れり尽くせりのもてなしに感激したいずみさんは、夜が深まってもまったく眠気を感じないまま友人と話し続けた。

夜の二時を回ると、友人の返事がだんだんとスローペースになって、やがてうんという返事だけになったかと思うと、大きな寝息が聞こえてきた。いずみさんは電球の紐を引いて灯りを消し、布団をかぶって仰向けになった。

レースカーテン越しに見える空はいずみさんの家がある街中とは違ってずいぶんと暗

かった。まぶたを閉じて耳を澄ますと、瀬戸内海の静かな波音が聞こえてきた。

〝ゴ、ゴトン〟

天井のトタン屋根が鳴り、いずみさんははっと目を開けた。なにか重たいものが落ちたてきたような音だった。

続いて、天井がゆっくりとしたリズムできしみはじめた。まるで踏みしめるような重い音だった。それと同時に、タカタカと軽く叩くような音もする。

野生の動物がやってきたのだろうか。いや、泥棒や変質者でないとは言い切れない。いずみさんは音を立てないようにしながら友人の肩を激しく揺らした。ところが彼女はまったく目を覚ます気配もない。

二つの音はなおも続き、少しずつ移動をはじめた。天井の端まで行くと、角を曲がるように次の角へ。そのまま天井を隅から隅へと移動し、ぐるぐると周回をはじめた。どんなにおかしな動物や泥棒でも、そんな行動を取るはずがないことは、声を殺してパニックを起こしているいずみさんにもたやすく想像できた。

そのとき、いずみさんはタカタカと聞こえる音の正体に気がついた。トタン屋根の波模様の上でなにか固いものを引きずっている音だ。

いずみさんの脳裏に鮮やかな青色の手押し車が浮かんだ。バスから目撃した四輪の小さなタイヤと、ゆっくりとしたおばあさんの歩み。いずみさんだけが見たおばあさんと手押し車がもし屋根の上を歩いたとしたら、こんな音が鳴るのではないか。

音は、朝の鳥が鳴きはじめるまで続いた。朝日がのぼって友人が起き出したとき、いずみさんはやっと安心して目をつむることができた。

帰りのバスは海沿いの道を街に向かってのんびりと走った。友人の家を出た二人は、街で遅い昼食を食べて解散する予定だった。

土曜日の昼間でもバスの乗客はまばらで、窓の外には強い日差しが降り注いでいた。海はきらきらと輝き、大小さまざまな船が走っていた。

海岸沿いの無人のバス停を過ぎると、バスが一段スピードを上げた。そのとき、海を隔てるコンクリート塀の下に、ひらひらとしたピンク色のものが見えた。はっとして見ると、そこに置かれていたのは献花の花束だった。振り返ると、バスの後ろの窓には、昨夜鮮やかな青い手押し車を見たのと同じ風景が広がっていた。

とまります

# フィギュア

難しいステージをやっとクリアしたのは空が白みはじめたころだった。ゲーム配信を終えてＰＣの電源を落とすと、外から鳥の鳴き声が聞こえていた。一晩中しゃべり続けたせいで喉はからからで、目も肩もかたくこわばっていた。これから少し眠って、起きたら食事をしに外に出て、夜にゲームの続きを配信しよう。小さな冷蔵庫から取り出したビールを飲みながら、衣川《きぬがわ》さんはゲーム中の高揚感がゆっくりと眠気に変わるのを感じていた。

学生のころから続けていたゲーム配信でまとまった収入を得られるようになったのは社会人になって少し経ったころで、このところは日々動画の投稿や生配信を行いながら、副業としてフリーランスのデザイナーをして生計を立てていた。

衣川さんは部屋のあちこちに飾っているフィギュアを眺めながらベッドに横になった。長年収集してきたゲームやアニメのフィギュアの数は膨大で、テレビ台や本棚の隙間や玄関に所狭しと置いたコレクションは、フィギュアショップにも引けを取らないと感じていた。

しかし、このころは見境なく買い込んでしまったフィギュアを飾る場所がなく、部屋の床や作業用テーブルなど、生活の邪魔になる場所にまで仕方なく置いている状態だった。ただでさえ学生時代から住んでいる１Ｋのマンションは配信用機材や大きなＰＣで窮屈だった。大きな地震でも来ればきっと物が混ざり合って収拾がつかなくなるか、最悪の場合は生き埋めになってしまうだろう。配信で安定した収入が得られるようになった衣川さんが広い部屋への引っ越しを決めたのは自然ななりゆきだった。

物件を探しはじめてすぐ、隣町に理想的なマンションを見つけた。シーズンオフの引っ越しということで業者もすぐに捕まり、諸々の手続きも簡単に済ませることができた。

それから衣川さんは、空いた時間で荷物をまとめにかかった。服や食器、日用品や本などはもともと最低限しか持っていなかったためすぐに片付けることができたが、問題は膨大な数のフィギュアだった。フィギュアの造形はどれも複雑で、なかには衝撃に弱い素材のものや繊細なものも多く、持ち運びには慎重を期さなければならない。ひとつずつ埃を取りながら、丁寧に緩衝材で包んで段ボールに入れる必要があった。

ひたすらにフィギュアと格闘するうちに、引っ越し業者が来るまでの日数は残りわずかになっていた。衣川さんは焦りを感じながら、これまで物欲の赴くまま無節操にフィギュアを集めてきたことを少し後悔した。

その日も一日中フィギュアを梱包し、ふと気がつくと日が傾いていた。廊下に積み上げた段ボールが天井まで届きそうなのに、部屋のフィギュアはまだまだ減った心地がしなかった。

衣川さんは一息ついて椅子から部屋を眺めた。日用品を片付けて少し殺風景になった空間で、可愛らしいフィギュアたちがカラフルな衣装を着てポーズをとっている。

振り返れば、ひとつひとつに思い出があった。あのフィギュアはゲームセンターで苦労してとったな。あのフィギュアのキャラクターが登場するアニメは、学生のときにハマっていた。そういえば、高校のときに初めて買って、一人暮らしのこの部屋に持ってきたフィギュアもある。一番くじに散財してやっと手に入れたレアなものはどこに置いたっけ。

回想に浸りながら、ふと、一抹の気持ち悪さを感じた。

見慣れた部屋のなかに、今まで気がつかなかったかすかな違和感が漂っている。どうして自分がそんなことを感じるのかわからず衣川さんは混乱した。部屋のあちこちに視線をめぐらせて、そして気がついた。

フィギュアたちのポーズだ。

この部屋にあるフィギュアは、どこかを指さすポーズのものばかりだ。

部屋のあちこちでフィギュアたちが指をさしている。衣川さんは、はっと息を呑んだ。

フィギュアが指をさす方向が、みんな一箇所に、押し入れの襖《ふすま》に集中している。

衣川さんは椅子を立って、ゆっくりと押し入れを開けてなかを覗き込んだ。

古い木のにおいと少しのかび臭さが鼻をついた。掃除機や旅行用のキャリーケース、冬用の布団、配信機材の箱などを乱雑に押し込んだ状態のまま、埃が溜まっていた。

暗い押し入れに上半身を入れて右、左と見回し、そして最後に上を見た。

ささくれだった暗い木製の天井に、白い長方形の紙が貼ってある。そこには漢字や記号の羅列が毛筆で記されていた。

文字をすべて読むまでもなく衣川さんにはそれが除霊の札だということがわかった。

上から冷たい隙間風がかすかに吹き込んでいた。衣川さんは思わず叫びだしそうになって、押し入れの外へ転び出た。

自分が集めてきたフィギュアたちはあのお札をずっと指さしていたのだ。

衣川さんは自問自答した。なぜ今までこのことに気づかなかったのだろう。学生時代から何年も過ごしてきた部屋で、自分はいったいどれだけの時間、フィギュアたちを眺めてきたのだ？　いや、そもそも、自分はどうして指をさすフィギュアばかりを集めてしまったのだろう？　フィギュアにはひとつひとつ、手に入れたくなる理由や魅力があったはずだが、指をさすポーズにこだわりを感じたことなどこれまで一度もなかった。いや、あるいは意識にはのぼらないずっとかすかなところでわかっていたのだろうか。押し入れの奥になにかがあることをわかっていたから、自分は指をさす形のフィギュアを手に入れ、無意識のうちに部屋に置いてきたのではないか。

衣川さんの目に、住み慣れた部屋がまったく別の場所であるかのように映りはじめた。陽が暮れ、夜の気配が窓から染み込んでいた。無数のフィギュアたちはなおもかたく与えられた形を守っていた。

# コーラス

そこは緑のなかに建つ見晴らしのいい五階建てマンションだった。古めかしくも洗練された外観は昭和のニュータウンらしい雰囲気を漂わせていて、価格や立地も渉さんたち夫婦の希望にぴったりだった。駅までの道のりは息が切れるような坂道だったが、道中には公園や学校、病院やショッピングモールなどが並んでおり、暮らしに必要なものはひと通り揃っていた。購入の決め手となったのは、室内で楽器の演奏が許可されている点だった。

渉さんとノラさんの夫婦はそれぞれ管楽器の演奏を趣味にしていた。関西地方の大学にある吹奏楽サークルで渉さんと留学生だったノラさんは出会い、三歳歳上の渉さんが社会人になってからはしばらく小さな賃貸住宅で一緒に暮らしていたが、ノラさんが大学を卒業するタイミングで入籍し、中古マンションの購入を決めたのだった。

部屋は三階の明るい角部屋だった。不動産業者が「前お住まいだった方が非常にきれいに使ってくださっていたようで」と言う通り、築年数を忘れさせるほどに壁も水回りも清潔で、くすみひとつなかった。窓を開けると山の空気がよく通り、時々ほかの部屋から楽器の音色が聞こえた。

暮らしはじめて二週間ほど経ったころだった。その日は二人とも休日で、外出から帰ったあと渉さんとノラさんはそれぞれ家事をはじめた。渉さんがベランダで洗濯物を干していると、台所の方から夕飯の準備をしていたノラさんの歌声が聞こえてきた。懐かしい童謡のようだった。

渉さんはノラさんが歌う声をそのとき初めて聴いた。付き合いはじめのころにカラオケに誘って「歌声を聞かれるのが恥ずかしい」と断られてから、数年のあいだ彼女がハミングをしている姿すら見たことがなかった。

「歌うまいやんか！」

思わずベランダから窓越しにノラさんに声をかけた。しかしその声は届かなかったようでノラさんの反応はなく、歌はそのまま三番まで続いた。渉さんがリビングに戻ると声はやみ、「もっと歌って」とお願いしても、ノラさんはキッチンの方を向いたまま恥ずかしそうに首を振るばかりだった。

それからときおりノラさんは家のなかで歌うようになった。しかし、それは渉さんが風呂に入っているときやひとりで寝室にいるときに限ったことで、決して渉さんの前で歌が披露されることはなかった。

　渉さんは隣の部屋から聞こえてくるかすかなメロディに耳を傾けながら考えた。自分は妻の歌声を新鮮に感じているけれど、人に歌声を聞かれるのを避けるのは、ひょっとすると当然なのかもしれない。そもそもこの家のように防音設備が整っている空間でもなければ、歌をうたうのに隣近所の目が気になるだろうし、カラオケにも行かないのであれば人の歌声を聞く機会というのは意外と少ないのかもしれない。きっと彼女は、僕の耳にはなにも届いていないと思って歌っているのだろう。ならば、なにも聞こえていない風に過ごしていよう。

　そうして、隣の部屋からノラさんの歌が聞こえる生活が日常になっていった。彼女は渉さんが同じ部屋に入ろうとすると気配を察するのか歌うのをやめ、何事もなかったかのように会話をした。

　ある冬の朝だった。渉さんが出勤のために寝室で着替えをしているとき、キッチンの方から歌声が聞こえてきた。その伸び伸びとした素直なメロディに、ほんのかすかな聞き覚えがあった。これはいったいなんの曲だったか、思い出せそうで思い出せない。耳を澄ましていると、歌のあいだに奇妙な間が空くことに気がついた。途切れるには不自然なところで休符になり、また奇妙なタイミングで歌いだす。したくを忘れてしばらく考えているうちに、それが合唱曲のアルトパートだと気づいた。

「ねえ、いつの間に日本の合唱曲を歌うようになったの？」

思わず部屋を出て声をかけた。ノラさんは歌うのをやめ、目を丸くして渉さんを見つめ返した。しまった、と思ったが彼女はそのまま背中を向けて、朝食の用意を続けた。

「ねえ。ごめん。ねえって」

反応はなかった。よほど驚かせてしまったのか、恥ずかしい思いをさせてしまったのか。ばつが悪くなった渉さんは一旦寝室に戻って出勤のしたくを終わらせ、一抹の緊張感を抱きながら朝食を摂りにリビングに戻ったが、再び顔を合わせるといつも通りの朗らかな彼女が待っていた。

ところが、それからノラさんの歌はぱったりと聞こえなくなってしまった。先日のことがよほど恥ずかしかったのだろうか。それとも、扉を隔てても声が聞こえていたとわかって、歌うのをやめてしまったのか。

「いつでも歌ってくれていいのに」

渉さんはあるとき思い切ってそう伝えた。ノラさんは面食らった様子で言った。

「歌？　いいよ歌なんて。私苦手だもん」

「でも、ノラの歌はすごく上手なのに」

その渉さんの言葉に、ノラさんは眉をひそめた。

「私は歌なんかやらない。八歳のときパパに下手って言われてから一切歌うのをやめたんだから。渉は私の歌、聞いたことないでしょ。もう、誰と間違えているの？」

渉さんははじめノラさんが神妙なふりをしてふざけているのだと思った。しかし、どれほど話をしても二人の主張は交わらなかった。「いつも君の歌う声を聞いていたのに」と、とうとう渉さんが告白すると、ノラさんは「怖いこと言わないで。もうこの話は終わりにして」と言った。

夫婦は年末年始の休暇を渉さんの実家で過ごした。三が日を終えて数日ぶりにマンションに戻ってみると、ポストに輪ゴムでまとめられた年賀状が届いていた。そのほとんどが渉さん宛だったが、結婚式や披露宴に来てくれた友人や親兄弟からは、二人に向けて新年の挨拶が綴られていた。

絨毯に年賀状を広げながら次々とめくっていくと、そのなかに一枚、渉さんでもノラさんでもない女性の名前に宛てた年賀状がまぎれ込んでいた。おや、と思ってよく見ると、はがきに印字されている住所は夫婦の家に違いなかった。差出人は隣の市に住む男性のようだったが、そちらの名前にも見覚えがなかった。

「うーん、郵便局の人が間違えてうちに投函したとは考えづらいから、送り主が住所を取り違えたのかな。それか、前ここに住んでいた人に宛てたものか」

渉さんが考えている隣で、ノラさんがはがきの裏面を指して言った。

「ねえ。ちょっとこれ読んで」

そこにはシンプルで無難な干支のイラストが印刷されていた。隅の余白には、達筆のメッセージが添えられていた。

〝ご無沙汰しています。また一緒に唄える日を楽しみにしております〟

二人は顔を見合わせた。インターネットで男性の名前を調べてみると、隣の市で開かれている地域のコーラスクラブのホームページが出てきた。ずいぶん前から更新が止まっていたが、活動記録を辿っていくと、かつてさまざまな大会に出場したり、地域のイベントに出たりと、熱心に活動していた様子がうかがえた。

渉さんは〝冬の発表会を開催しました〟というページを開いた。そこには、クラブの公演レポートやプログラムの曲目とともに、画質の粗い集合写真がアップされていた。舞台の上で黒い服に身を包んだたくさんの老いた女性たちが、幸せそうな笑顔を浮かべていた。

# 鶏

啓さんは東海地方の養鶏業を営む家に生まれた。曽祖父が卵の販売で小さな商売をはじめてから、家族経営で少しずつ鶏の数を増やして、今はおよそ二万羽の鶏を飼育している。家族の思い出のなかには、どんなときにも鶏たちの姿があった。啓さんは物心ついたときから一日中鶏舎で過ごしていたし、歳の離れた妹が生まれたときには、母親は赤ん坊の妹をおぶって鶏の世話をした。鶏が飼料を食べ、フンをし、卵を産むのには休日はなく、家族はいつ何時も鶏たちのことを気にかけていた。

啓さん、父、そして祖父にはそれぞれ心に残る出来事があった。

啓さんが小学校に通う前、鶏舎にたくさんのひよこがやってきた。小さな黄色い生物が病気や怪我をせずに大きくなれるよう、大人たちはいつも以上に手間暇をかけて世話をした。啓さんもその手伝いを任されて、水を替えてやったり、エサを運んでやったりした。好奇心旺盛なひよこたちは啓さんが手を近づけるとどんどん集まってきて、小さなくちばしでつついたり、温かい身体で手のひらに登ってきたりした。

雛たちの黄色い羽毛はあっという間に白く生え替わり、鳴き声も太くたくましくなっていった。四ヶ月ほど経つとほかの大人の鶏とほとんど変わらない大きさになり、やがて卵を産みはじめた。啓さんは自分が見守ってきた鶏たちの成長を自分のことのように誇らしく思った。

小学校に入学する年のある夜、「大事な話がある」と父の紘一さんが言った。

「あの鶏たちはそろそろ卵を産めなくなるんだよ。そしたら、お別れをしなければならないよ」

それは〝廃鶏〟と呼ばれる仕事だった。鶏が卵を産める期間は一年から二年ほどしかなく、高齢の鶏が産む卵は商品に適さない品質のものも多くなるので、この養鶏場では二年半が過ぎたころに鶏を食肉として出荷する決まりになっていた。

紘一さんはそれを「旅立ち」という表現で語った。しかし啓さんはきちんと婉曲表現の向こうにある出来事を想像することができた。それから啓さんは大人の目を盗んでは育ててきた鶏をなでて、こっそりと涙を流す日々を送った。

鶏たちが鶏舎で過ごす最後の夜だった。朝が来れば業者がやってきて、一緒に過ごしてきた鶏たちとお別れになる。真夜中、啓さんは布団のなかでひとりタオルケットをかぶり、鶏たちのことを考えていた。

鶏たちがひよこだったころを思うと、たまらなくつらく、さみしかった。それでも早く泣きやまないと、朝、家族に気づかれてしまうかもしれない。止まらない涙をこらえようとぎゅっと目をつむったときだった。

足の先に温かいものが触れた。それは腕にも頬にも頭にもたくさんやってきて、啓さんにぴったりと寄り添った。啓さんは目を閉じたまま少し腕を上げて手のひらでそれに触れた。柔らかい羽毛の感触だった。

翌朝、遅くに目を覚ますと、鶏たちはすでに旅立っていた。

＊

紘一さんが中学生のころ、同じ敷地内の別宅で暮らしていた叔父夫婦のもとに男の子が生まれた。叔父夫婦にとって待ちに待った子どもだったことや、前年に祖母が亡くなって皆が寂しい思いを抱えていたこともあって、赤ん坊は家族のあいだで大変に可愛がられた。

紘一さんの従兄弟にあたるその赤ん坊が一歳を過ぎて歩けるようになったころだった。

その日学校が休みだった紘一さんは、父親の優さんとともに鶏たちに飼料をやっていた。

細長い鶏舎の隅々に過不足なくエサをやるのは、相当な時間と体力のいる仕事だった。

ふと気がつくと、叔父が従兄弟の手を引いて鶏舎に遊びにきているのが遠くに見えた。従兄弟は鶏たちに興味津々の様子でケージに手を伸ばしていた。紘一さんがほほえましく見ていると、叔父の妻が慌てた様子で鶏舎に駆け込んできた。

「鶏小屋に来させるのはまだ早いって言ったでしょう」

「君は神経質すぎる。うちの人間はこうやって育ってきたんだ」

鶏舎に幼い子どもを入れることについて、叔父夫婦はその場で言い争いをはじめた。紘一さんは、触らぬ神に祟りなしと思いながら黙々と作業を続けた。それは父親の優さんも同じようだった。夫婦喧嘩はどんどんヒートアップして、不潔、バイ菌、病気になるなど、紘一さんの心まで傷つくような言葉が聞こえてきた。

「あれ……いない！　どこへ行ったの！」

叔父夫婦が大声を上げた。先ほどまで叔父の近くにいた従兄弟の姿を見失ったのだという。紘一さんと優さんも慌てて鶏舎内を探したが、おかしなことにどこにもその姿がない。鶏舎の入り口は害獣が入り込まないように厳重な扉を使っているので、一歳の子どもが外に出られるはずがない。なのに見つからないというのはどういうわけなのだろう。

　叔父は何度も大きな声で従兄弟の名前を呼んだが、鶏舎には鶏たちのコ、コと鳴く声が幾重にも響くばかりだった。

「なにか聞こえる」叔父の妻が言った。

　紘一さんも耳を澄ました。注意深く鶏の声を聞いていると、そのなかに違う伸び方の声が混じっている。一瞬、従兄弟が呼んでいる声だろうかと思ったが、よく聞くとそれは別人の声のようだった。女性の高笑いだ。鶏の声になりかわるように、女性の笑い声が少しずついろいろな場所から聞こえてくる。

「返してください！　子どもを返してください！　許してください！」

　叔父が地面に手をついて鶏たちに謝った。優さんはそれをなだめようと背中をさすり、叔父の妻は悲鳴を上げた。紘一さんはただ取り乱す大人たちの姿を呆然《ぼうぜん》と眺めることしかできなかった。

　叔父の咆哮がやむころ、笑い声はどこかに消え、元通りの鶏たちの喧騒に戻っていた。

　優さんは叔父夫婦を落ち着かせて、早めに警察に連絡して探してもらうべきだと言った。夫婦はうなずき、ひどくうなだれながら自宅へ戻っていった。しかし、すぐに息を切らして鶏舎に駆け込んできた。

「いた！　見つけた！」叔父は言った。

「玄関を開けたら廊下に座布団があって、その上で眠ってた。返してもらえた。ありがたい、ありがたい……」

*

優さんは、急逝した父の養鶏業を二十代前半で継がなければならなくなった。仕事について父からほとんどなにも教わっておらず、右も左もわからなかったが、幼い兄弟や家族を養うためにはすぐに仕事に取り掛かる以外の選択肢はなかった。必死で勉強と経験を重ね、なんとか卵を採って売買する方法がかたまるまで、夜となく昼となく鶏舎にこもって働いた。

　そんな春の夜だった。遅い晩酌をして布団に入った優さんは、真夜中に鶏のただならぬ叫び声を聞いた。

　着の身着のまま家を飛び出して養鶏場に駆け込むと、ケージが並ぶ通路の遠くでチラチラと羽毛が飛んでいるのが見えた。どうやらそのあたりの鶏たちがパニックを起こして暴れているらしい。駆け寄ろうとした優さんの目に、するすると通路に這い出るキツネの姿が映った。

キツネは、戯れの狩りで一晩に何十羽もの鶏を殺してしまう。手塩にかけて育ててきた大切な鶏をやられてなるものか。頭に血が昇った優さんは鶏舎を走った。次の瞬間、大木ほどの太さの巨大な鶏の脚が天井から突き出して、すごい速さでキツネに蹴りかかった。キツネはそれを避け、脚に吠えかかって威嚇した。再度、目にも留まらぬ速さで脚が蹴りを入れると、キツネはどこかに退散していった。

優さんはそれから、息子の代までの数十年間、毎朝毎晩鶏に感謝の言葉を伝え続けた。

# 手を組んで見る夢

あれは夏休みのドッヂボールクラブが終わったあと、チームリーダーの父親が運転する車に乗って団地に帰っているときだった。夏の西陽が差し込む後部座席にはエアコンの風は届かず、みんな汗をだらだらと流して、上級生になればなるほどわざと気だるそうに話をしていた。

そのドッヂボールクラブは小学校の夏休み限定で組まれた即席チームで、同じ団地に住む三年生から六年生までの児童が全員参加していた。八月の終盤に小学校の学区内で組まれたいくつかのチーム対抗で大会が開催されるにあたって団地組が結成され、子どもたちは毎日のように練習に精を出していたのだった。

灼熱の体育館で三時間ほどの練習を終えたあとだった。学校の校門を出たところに、保護者たちの車が並んでいた。いつもならば片道三十分ほどの通学路を集団下校するところを、気温が高く徒歩で帰るのは危険だからと車で迎えにきてくれていたのだった。

ファミリーカーの後部座席に五、六人の女子が乗り込むと、車が走りだした。

「ねえさくらちゃん、これ見て」

そう声をかけてきたのは目のくりくりとした歳下の女の子だった。

細い腕を胸の前でばってんに交差させて、そのまま祈るように手を組んでいる。ちょうど、じゃんけんの前に行う、相手の出す手が見えるおまじないのようなポーズだった。

「今日の夜こうして寝てみて。絶対に怖い夢を見られるんだよ。すっごく怖い夢」

今となっては、どうしてその子が周りの女の子たちではなく私ひとりに対してこの遊びを提案したのだろうとすこし不思議に思う。とにかくその晩、私は胸の上で手を組んで眠った。

私はじっとりと暗い闇にひとりで佇んでいた。夢のなかの私はそこが地下深くに延びるトンネルであることを知っていて、足首まで暗い水に浸かりながらなにかがこちらにやってくることに怯えていた。トンネルの奥深くから音もなくなにかが近づいてくる気配がして、私は焦りで泣き出しそうになりながら走り出す。しかしどれだけ長い時間がたっても出口の気配はなく、緑色のランプがぽつぽつと心もとなく灯る風景がどこまでも続く。走れども走れども、恐怖心が膨んでいくばかりだった。

目が覚めると全身にびっしょりと冷たい寝汗をかいていた。眠っているあいだほとんど寝相が変わらなかったらしく手は組んだままだった。外はまだ暗かったが、再び眠れば夢の続きがはじまってしまいそうでおそろしく、なかなか寝付けなかった。二十年近く昔の夢をはっきり思い出せるということは、当時の自分にとってはよほどの恐怖だったのだろう。

翌日の練習で女の子と顔を合わせたときに「本当に怖い夢を見た」と伝えると、彼女はこっくりとうなずいた。頭では単なる遊びに過ぎないとわかっていても、あんな夢を見る方法を伝授してきた彼女に対して一抹のおそろしさを覚えた。

それからしばらくのあいだ、私は手を組むポーズが苦手だった。ドッジボールクラブが終わっても、眠る前には胸のうえに間違っても手を置かないように気をつけて眠ったし、亡くなった人が胸の上で手を組まされると知ると、地下トンネルの夢から一度と出られなくなってしまう空想に囚われてひどく不安になった。

そんな幼い日の出来事をふいに思い出したのは、先日のある出来事がきっかけだった。

真夜中すぎだった。夫と二人で暮らすマンションのリビングでひとり過ごしていると、寝室の方から先に眠っていた夫のうなり声が聞こえた。

様子を見にいくと、たった今、目を覚ましたらしい夫がベッドに横たわったまま大きなため息をついていた。

「怖い夢だった。暗いトンネル、わからないけど地下やねん。地面に水があって、緑色で。走って逃げてるねん」

その言葉に、ふと自分の古い記憶が蘇った。ふと見ると、夫は胸の上で腕を交差させて手を組んでいた。ひどい寝汗だった。

こんな偶然があるのだろうか。私は、自分の幼い日の夢にまつわる出来事について、少なくとも母親以外の誰にも話したことはなかった。大人になってからは夢について思い出すこともなくなり、手を組む行為への恐怖心だってとっくに薄れていたのだ。こんな幼い日の出来事を、夫が知るはずがなかった。

なのに、あの日の私と同じ形に腕を組んだ夫の夢の特徴がこうも合致するのはいったいどういうことなのだろう。その一切を偶然として片付けたくなるたび、あの日、私にあのポーズを教えてきた女の子の顔が目に浮かぶ。

あの日、女の子は「絶対に怖い夢が見られる」と言った。

自分たちがなにか共通の場所に導かれていたのだとしたら。夢から覚める前に、後ろから追われる気配に追いつかれていたとしたら。

# 留学

広東省の広州市にある大学のそばには、留学生寮が二つあった。ひとつはセキュリティのしっかりとした女子専用の寮で、もうひとつは男女共同かつ多国籍の学生が集う寮だった。

日本の大学を休学して中国で二年間語学を学ぶことにしたリエさんは、安全よりも冒険を求めて、迷わず後者の寮を選んだ。

用意された二人部屋はワンルームマンションのような間取りだった。部屋を入ってすぐの廊下に簡易的なユニットバスへの扉があり、その向かいには小さなクローゼットがあった。部屋を進んで右側にはシングルベッドが二つ並んでいて、ベッドの反対側には勉強用の机が二つあり、部屋の突き当たりは大きな窓になっていた。ルームメイトは神戸からやってきた歳の近い女子学生で、大阪出身のリエさんともすぐに打ち解けた。

キャンパスは山奥にあった。起伏のある緑豊かな地形を小川が流れ、さまざまな国からやってきた学生たちが行き来していた。留学生活は想像していたよりもずっとにぎやかで刺激的な日々だった。

ある午後だった。リエさんは自室で机に向かい、ルームメイトはもう長い時間ユニットバスのバスタブにこもって服を手洗いしていた。じゃぶじゃぶという水音を聞きながら黙々と課題に取り組んでいると、ふと、どこかからかすかな気配がすることに気がついた。

ペンを止めて玄関の方へ振り向くと、視線の先に、ハンカチほどの大きさの白い布がふわふわと浮いていた。

布は、大人の胸ほどの高さでなにかに吊られたような形をしていた。そして、波のようにゆっくりと上下に揺れながらユニットバスの方へ近づき、扉の前でピタリと止まったかと思うと、道を引き返すように今度はクローゼットにふわふわと近づいて扉の前で止まった。リエさんが呆気に取られているあいだ、布はユニットバスとクローゼットを繰り返し往復した。

理屈のわからないことが目の前で起こっている。ルームメイトは大丈夫なのだろうか。興味と心配が湧きあがり、リエさんは立ち上がって布に近づいた。

布まで間近に迫ったとき、その向こうから別の気配がした。玄関に目が吸い寄せられる。

次の瞬間、木製の扉が彫刻のように盛り上がり、人間の顔がそこに現れた。

まるで、扉からデスマスクが浮き出たかのようだった。そこにあったのは、若い男性の顔だった。しっかりとした骨格の上に薄い皮膚が感じられそうな柔らかさがあり、静かな表情を浮かべていた。丸いまぶたをぴったりと閉じて、まるで眠っているかのようだった。

異様な事態にもかかわらず、リエさんの心は冷静だった。男性の風貌は凛として美しく、古い白黒写真に写る日本人のようだと感じた。扉と同じ木材の質感なのに、触れたら瑞々しく柔らかい感触が伝わってきそうだった。

じっと見つめていると顔はゆっくりと扉に沈みはじめ、完全に沈んだかと思うとまた徐々に浮かび上がってきた。リエさんは好奇心のままに手を伸ばした。あと少しで指先に触れようかというとき、顔はすっとドアに吸い込まれていった。

そのとき、ルームメイトがユニットバスの扉を開けて出てきた。リエさんははっとしてあたりを見回したが、気がつくと浮遊していた布もどこかへ消えていた。

リエさんは今起こったことの一部始終をルームメイトに伝えた。ルームメイトは半狂乱になり、大声を出して怯えだした。リエさんは彼女の気休めになればと思い、部屋に塩を置いた。そしてそれきり、部屋で不思議なものに出会うことはなかった。

留学生活にもすっかり慣れたころだった。その日リエさんは大学近くの小川を訪れ、散歩がてら穏やかな水流を眺めていた。

ふと、水のゆらめきのなかになにか文字のようなものが見えることに気がついた。水の底に漢字が彫られた石がある。近づいてよく見ると、それは墓石だった。そこは人工河川だったが、護岸のためにびっしりと敷き詰められた石のひとつひとつが墓石であるらしく、川のところどころに人名らしきものが覗いて見えた。すべて日本人の名前だった。

リエさんはその後、広州市の歴史を調べた。すると、大学や寮がある山はもともと旧日本軍の駐屯地として栄えた土地であり、広州市が中国の領土に戻ってからもそこへ残って暮らした日本の人々がいたことがわかった。広州市では近年まで土葬文化が根強く、石造りの墓が根づいていないなか、日本人の集落は墓石を用いて墓を作っていたようだった。

それがどんないきさつで川の底へ沈むことになったのかはわからない。しかし、日本から遠く離れた場所で学ぶリエさんのもとに訪れた不思議な出来事と、海を渡って根を下ろしそこで暮らした人々の歴史があることに、リエさんは関連性を感じてしまうのだという。

# 映画

K大学映画研究部はゆるやかなサークルだった。大学の視聴覚室で月に一度開かれる鑑賞会に集まり、感想や考察を話し合って見識を深めるというのが部の主な活動だったが、討論というよりは部員たちがそれぞれ自分の好きな話をする場になっていたし、興味がある作品を鑑賞するときだけふらっと現れる幽霊部員もたくさんいた。

上映作品の選定は部員の持ち回りだった。宍戸さんに順番が回ってきたのは二年生のときで、テーマも映画の本数も自由に決めてよかった。

宍戸さんは大学に入ってから映画鑑賞にのめり込み、気がつくと映画を観ない日の方が珍しくなっていた。近所のレンタルビデオ店にはどの棚になんの作品が置かれているかを思い出せるくらい通い詰めていたし、大学で時間ができたときは図書館にこもって小さなブラウン管テレビで古い映画を観た。ただ、映画というものに対しての強いこだわりや野望があったわけではなく、だからこそ〝なんとなく映画が好き〟で集まっている研究部は居心地がよかった。

上映作品を選ぶにあたり、ずっと気になっていた昔のフランス映画が思い浮かんだ。好きな映画監督が影響を受けたと語った作品だったが、日本では親が若者だった時代に単館上映されただけで、ＤＶＤ化もされておらず、いつか観てみたいと思いながらも、入手ルートすらも想像がついていなかった。

インターネットを見てもフルの映像は残っていなかった。宍戸さんはふと、思いつきでオークションサイトを開き、映画のタイトルで検索をかけてみた。

すると、一件だけ該当する品があった。

〝マイナー映画詰め合わせＶＨＳ〟

見出しをクリックすると、黒いＶＨＳのテープが並べられた写真とともに説明文が出てきた。ほとんど聞いたこともないような映画のタイトルの下には、〝コアな映画ファンの方におすすめのＶＨＳセットです。経年による劣化、中古品質を理解できる方のみご入札ください。バラ売り・値下げ・返品不可〟と書かれていた。

宍戸さんは、まるで自分のためにあるような商品に体が震えるほどの幸運を感じ、即決価格で落札した。

ＶＨＳ入りのダンボールが届いたのは土曜日の朝だった。ＶＨＳの背表紙に貼ってあるタイトルラベルを眺めるとどの作品も面白そうで、宍戸さんはこの土日休みを映画漬けになって過ごすことに決めた。

まずはじめに目当てのフランス映画を鑑賞した。それは噂に違わぬ名作で、宍戸さんが好きな映画監督の表現と似た雰囲気を感じさせる描写もあり、感動と高揚に包まれたままあっという間にエンドロールを迎えた。今度の映画研究部に出す作品はこれに決定だ。いい作品を鑑賞会に出せる喜びを感じながら、次の作品、また次の作品と切れ目なく鑑賞を続けた。

気がつくと深夜〇時を回っていた。明るいうちから目と頭をフル回転させていたので頭痛と眠気が起こりはじめていたが、貴重な作品ばかりを観続けられるのが楽しくて仕方がなかった。

宍戸さんは、もはや何本目かもわからないＶＨＳをビデオデッキに入れた。内部で機械音が鳴り、再生がはじまった。それはソ連で作られた映画のようだった。

田園、小さな家、古ぼけた街。寂しげな田舎の風景の長回しが続いた。音楽も登場人物も少なく、時々つぶやくような音声が入るくらいで、物語らしきものがなかなか見えてこなかった。

宍戸さんは横になってぼうっとそれを鑑賞した。つまらないと言ってしまえば終わりだが、画《え》にはどこか間の抜けた魅力があった。それに、表現の規制が厳しかったソ連時代に制作されたという背景を考えると、一見しては気づけないような政治的表現がどこかに隠されているかもしれず、気を抜くことはできなかった。

唐突に画面が切り替わり、ひとりの女性が大写しで現れた。映画の手法としては珍しくカメラ目線で、吸い込まれそうなほど美しい容姿だった。

女性は、ゆっくりと間を空けながら語りだした。ずいぶんな長台詞を、眉を下げた深刻な表情で演じ続けている。画面の下部には翻訳字幕が出ていなかった。それはつまりこのキャラクターはソ連の人々もわからない外国の言語を話しているか、翻訳する必要がないくらい瑣末なことを口にしているかのどちらかだろうと宍戸さんは想像した。

女性の独白はいつまでも、くどいほどに続いた。変化のない画面に宍戸さんはだんだんとまぶたが重くなってきて、気がつくとそのまま朝を迎えていた。

ＶＨＳは最後まで再生されたらしく、ビデオデッキの機能で自動的に最初まで巻き戻っていた。宍戸さんはリモコンを操作して、意識を保っていた場面まで早送りをした。

画面には風景の早回しが映っていた。そして、ある箇所から唐突に見覚えのない景色が映し出されるようになった。おや、と思いながらも早送りを続けると、唐突にエンドロールが流れだした。

宍戸さんは今度はＶＨＳを巻き戻した。最後に見ていた女性のシーンはどこにあるのだろう。しかし、早送りと巻き戻しを何度繰り返しても、画面に語りかける女性の画を見つけることはできなかった。

では、自分が見ていた女性の姿はいったいなんだったのだろう。確かにテレビに映し出されていた、こちらに語りかけるあの美しい女性は？

宍戸さんはたまらなくおそろしくなった。しかし、それと同時に、あの女性の姿をどうしてももう一度見たいと渇望する気持ちが湧き上がった。

相反する気持ちが自分のなかで同居していることに宍戸さんは戸惑った。それは耐えがたいほどに気味が悪い、これまで感じたことのない精神状態だった。手元にＶＨＳを置いておくのが怖くなり、なにも言わずに映画研究部に寄贈してしまった。

ところが、ＶＨＳを手放して数年が経った今でも、あの深夜に見た数十分間の美しい記憶に浸っては、再び観たいと感じてしまうときがあるのだという。

# チラシ

実家に遊びにきていた叔母が大声を上げたのは、小学生だった私がリビングで画用紙にクレヨンを走らせているときだった。叔母はそのころ中古車情報を熱心に調べており、その日もリビングとひと続きのキッチンにあるダイニングテーブルに新聞の折り込みチラシを並べて一枚一枚じっくりと吟味していた。

「気持ち悪い！　なにこれ！」

叔母の取り乱しぶりは尋常ではなかった。椅子から立ち上がり、台所まで後ずさりし、手で口元を押さえて驚嘆の声を上げ続けた。

騒ぎを聞きつけた祖母がのんきに「どうしたの」とやってきた。

「お母さん、見てこれ！」

叔母はあるチラシをこわばった手で指さした。ただごとではない雰囲気に不安になった私も二人のそばへ寄り、祖母とともにそれを覗き込んだ。

　派手な色のチラシだった。小さな四角いマス目が並んでおり、そのひとつひとつに晴れた屋外で撮影されたと思しき中古車の写真が掲載されていた。祖母は叔母の指さす先に眼鏡を上下させながら顔を寄せた。そして、すぐに甲高い悲鳴を漏らしてその場から飛びすさった。

「ね？　私の見間違いじゃないよね？」

　二人は肩を寄せ合ってパニックになっていた。

「見ない方がいい、見ない方がいい」

　叔母の制止の声が聞こえたが、私はかまわず叔母が指をさしていたあたりを注視した。すぐにはそれがわからなかった。写真には、陽の光を浴びるシルバーのファミリーカーが正面よりも少し斜めの角度で写されていた。背景にはほかのどの写真とも同じく、青々とした木々が茂り、写真の脇にはスーパーマーケットのチラシのようにポップな書体で値段が書かれていた。

　ふと、フロントガラスの向こう側に目が留まった。少し影になったハンドルとフロントガラスのあいだになにかが浮かんでいる。よく目を凝らすと、赤と黄色と青の網点が複雑に重なる印刷のなかに、確かに小さな像が見えてくる。

それは人間の頭部だった。黒い髪の形からして女性のようだった。小さな写真のなかで表情まではわからなかったが、まっすぐ前を向いていることが目鼻の方向からうかがえた。

幼い私には判断がつかなかったが、その中古車には格安の価格がつけられており、きっと事故車なのだろうと叔母は言った。そして、問題の写真が隠れるようにくしゃくしゃに丸めてゴミ箱に捨てた。

首を載せた車の写真は、中古車販売業者も、チラシのデザイナーや校閲者も、新聞社や代理店の目をもすり抜けて、朝刊に何千部と折り込まれ街中に配布された。

どこかほかの家庭で写真に気がついた人がいたのかどうか、はたまた、いつかあの車をなにも知らない誰かが買っていくのかと、我が家の話題はしばらくのあいだその中古車のことで持ちきりだった。

# 食の怪

# 酒

雪さんの家は山奥にある酒蔵で、代々純米酒を作り続けている。秋から春にかけて、蔵のなかにはいつも米を蒸す湯気が立ち上っていて、そこで働く人々は皆、麹《こうじ》菌たちの小さな声に耳を傾けながら知恵と力を尽くしている。

雪さんの家庭では毎朝、居間の大きな神棚に水と米、そして蔵で作った酒を供えていた。雪さんが幼いころ、神棚の近くで悪態をついたり、ふざけて飛んだり跳ねたりすると強くたしなめられた。

「神さまが機嫌を損ねて蔵のお酒ができなくなってしまうからよしなさい」

それは子どもを躾けるための方便ではなく、代々伝わっているしきたりのひとつであり、家のなかでは誰もが言葉を慎み、虫など動物の無用な殺生も決してしなかった。杜氏《とうじ》の祖父は、家族と食卓を囲みながら晩酌をするときに、よく不思議な思い出話を語った。

　蔵に入って間もない青年時代、醪《もろみ》を作る工程で大きな釜に布をかけて米を蒸し上げていたとき、もうもうと立ち上る白い湯気の向こうに亡くなった先代が手でグーサインを作って立っていたのを見た話。放蕩者の先代がたくさんの女性を泣かせていた時代は酒が原因不明の塩辛い味になり、危うく蔵が潰れかけた話。〝杜氏が亡くなるたびに酒の美味しさが増す〟という、家族のあいだだけでこっそりと囁かれる説。

　不思議な話になるたび、祖父は楽しそうに言った。

「うちの家系は死んだらあの世じゃなくて蔵へ行くんだ。先祖みんなで酒の面倒を見てるから、毎年無事に酒ができあがるんだ」

　日本酒は、麴菌の働きが科学的に解明される以前、人の力を超えて作られる神聖なものとして扱われていた。そういった目に見えない神秘に対する敬いの名残が、雪さんの家には色濃く受け継がれていた。

　日本酒づくりがはじまったばかりの晩秋だった。

　祖父母と両親、大学生の雪さんと、歳の離れた姉の葉子さんが揃って夕食を摂っているとき、葉子さんが「実は今、結婚を考えている人がいる」と唐突に言った。

相手は歳上の会社員で、知り合って三ヶ月だが意気投合したので入籍したいと考えており、ゆくゆくは相手の住んでいる東京に引っ越しをしてそこで仕事をしていくつもりだという。それまで浮いた話をしたことがなかった葉子さんの報告に雪さんは驚いたが、それはほかの家族も同じだったようで、母と祖母は結婚相手について矢継ぎ早に質問し、父と祖父は感極まったのか目元を押さえて、いつも以上に酒をあおった。

後日、葉子さんとともに人の良さそうな細身の男性がやってきた。

男性は佐々木と名乗り、父をはじめ家族と挨拶をして、葉子さんとの出会いや自分の経歴を語った。生まれも育ちも東京で、有名な私立大学を出たあと商社で会社員をしているとのことだった。趣味は酒を飲むことで、祖父や父に日本酒づくりの仕事についていろいろと尋ねては感嘆の声を上げ、祖父の冗談に大きな声で笑った。父は普段よりも気前がよくなり、日本酒の蔵の前まで案内していろいろと説明したり、初春の蔵開きの時期に招待することを約束した。

佐々木氏はあっという間に家族と打ち解けた。夕方に帰る予定だったが、晩飯まで一緒に食べ、夜の電車で東京へ帰っていった。

はじめの挨拶がうまくいって葉子さんはほっとした様子だった。両親は晩酌をしながら、結納や結婚式について気が早い相談をしていた。

翌日の深夜だった。雪さんが居間で過ごしていると父が「聞いてほしい話がある」と声をかけてきた。

今朝の出来事だという。父は誰よりも早く蔵に入り、進行中の工程に異変がないか確認しながら蔵をゆっくりとひと回りしていた。そして最奥に到着したとき、頭上から声がした。

「なあ、なあ」

カラスのような通る声は「葉子に気をつけてやれ」と言った。

驚いて蔵を見上げたが、そこには古い梁《はり》があるばかりで誰の姿もなかった。

雪さんと両親は、葉子さんがいないときを見計らってこの出来事をどう受け止めるべきか話し合った。伝え方を間違えると関係にひびが入りかねない問題だと感じた雪さんは、葉子さんに伝えるのは慎重になるべきだと言った。父は興信所に佐々木氏の調査を依頼してはどうかと提案したが、母は「こっそり調べたことが本人に伝わったときには詫びの言葉もない」と首を縦には振らず、慎重派の立場を取った。

結局、この話は雪さんと両親の胸にしまうことにした。胸が痛んだが、嘘をつくのが苦手な祖父にも内緒だった。

冬のあいだ、姉の様子はなにも変わらなかった。両親はいつもそれとなく探りを入れていたが、順調だと繰り返すばかりだった。

しかし、晩冬のある夜、食卓を囲みながら「最近彼とはどうなの」と母が尋ねると、葉子さんは突然ぽろぽろと涙をこぼしはじめた。

慌てて話を聞くと、姉はぽつりと「もうダメかも」と言った。

秋に挨拶にきた直後、佐々木氏は姉に「兄弟の手術費用を助けてほしい」と言った。不憫に思った姉は貯金の半分以上を渡し、追加のお願いにも応じてきたが、佐々木氏は「近々同じ財布になるんだから。兄弟が落ち着いたら経済的に余裕が出るから」と言うばかりだった。葉子さんはとうとう借金までして金を渡したが、二人で会える回数は減っていき、先日とうとう別の女性の影を感じたので、喧嘩になったのだと姉は言った。

結局、弁護士を入れることになった。

「言わんこっちゃない。あのとき忠告を聞いていれば……」

父は長いあいだそう漏らしていた。

父に声をかけたのは誰だったのだろう。酒蔵の先代か、あるいは毎日手を合わせている酒の神だろうか、と雪さんは想像している。

大学を卒業したら雪さんは蔵に入る。将来は杜氏になって、家の酒を継いでいくつもりでいる。

# 訪問

野田さんはいつも金欠だった。不動産仲介業者で正社員として真面目に働くかたわら、金はあればあるだけ使ってしまうのである。

大阪の街は飲みに遊びに誘惑が多かった。そのおかげで給料日前には食べるものにも苦労し、自宅の家賃を捻出するのもギリギリになる。そのことを仕事で知り合ったある大家に自嘲気味に話すと、自分のマンションの部屋を貸すと言ってくれた。

そこは大阪市淀川区の繁華街にほど近いきれいなマンションだった。ロフト付きの１Ｋで風呂トイレ別、築年数も古くないのに家賃は相場よりも五万円ほど安かった。ただしひとつだけ、わかってもらいたい事情があると大家は言った。

その部屋は事故物件だった。しかし、野田さんは即決で引っ越しを決めた。その部屋でかつて人が亡くなった事実よりも、給料日前に食べものに苦労することの方がずっと深刻だったのだ。

大家によく話を聞いてみるとそこは奇妙なマンションだった。およそ年に一度の頻度で部屋で人が亡くなり、その部屋が二〇二号室、三〇二号室、四〇二号室と縦に連なっている。自分が住むことになる二〇二号室は、前の住人が首を吊って亡くなっているようだった。

事故物件への引っ越しを報告すると、周囲からは一様に好奇の目で見られた。遊びにきたがる者、心配する者、脅かしてきたり不謹慎な冗談を言う者もいた。

野田さんはそういった言葉はほとんど意に介さなかった。唯一「盛り塩くらいはしたらどうか」というアドバイスを聞き〝伯方の塩〟を購入したが、それも気休め程度に捉えていた。

住みはじめてみると、なんとも居心地のいい部屋だった。

部屋は清潔で天井は高く、ロフト部分のパイプは若干ひしゃげていたが気になるほどではなかった。真夜中になって寝付いたころに隣の部屋から壁をノックする音が聞こえてくるのが奇妙といえば奇妙だったが、すぐに慣れてしまった。小皿に盛った塩は部屋の隅に置き、それきり存在を忘れてしまった。

玄関のチャイムが鳴ったのは引っ越してしばらく経ったころだった。

ドアスコープを覗くと、扉の向こうには水商売風の派手な格好をした男女が立っていた。一人暮らしの家を突然訪ねてくる人間といえば宅配業者かなにかの勧誘なので面食らったが、聞けば隣の住人だという。

「毎晩毎晩、真夜中に大きな音を立てられて迷惑しとるんですが」

男女は顔をしかめて言った。

野田さんはなんのことかわからず、ぽかんとしてしまった。

「やから、毎晩あなたの部屋からドカンという音がしてそれで目が覚めるんです。なんとかなりませんか」

身に覚えがないと野田さんが言うと、男女は顔を見合わせた。

「ここ曰く付きのマンションやから、そういうよくわかんないものの音なんちゃいますか」

「それはどういうことですか」

男女はマンションが事故の記憶をたくさん抱えていることを知らなかったらしい。詳しく話をすると二人の顔はどんどん青ざめて、翌週には慌ただしく引っ越していった。

こうして真夜中に隣から聞こえていたノックもなくなった。男女は真夜中にドカンという音がすると言っていたが、野田さんがいる部屋では耳を澄ましても音など聞こえてはこなかった。カップルには、壁を隔ててなにが聞こえていたのだろうか。少々気にはなったが、部屋にいることが嫌になるほどではなかった。

悩みのタネはやはり散財癖だった。家賃が浮いた分生活が楽になるかと思いきやまるまる遊びに使ってしまい、飲みに出られる日は増えたが、給料日前の貧しさは引っ越し前となにも変わらなかった。

その日は、飲みにいくのはおろか、食材を買いにいく金すら残っていなかった。キッチンや冷蔵庫をひっくり返しても、食べられるものは入居の記念品として大家からもらった数百グラムの白米しかない。

なんでもかまわないから、なにかごはんのお供が欲しい。あきらめきれずに部屋を見回したとき、片隅に置いた小皿が目に留まった。盛り塩があるではないか。

野田さんは米をあるだけ炊いて、盛り塩に積もった埃を払い、おにぎりをたくさん握った。熱い盛り塩むすびが腹を満たしていった。自分の頭の機転を褒め讃えたい気分だった。

異変が起こったのはその夜だった。ベッドでうとうととまどろんでいるとき、なんの前触れもなく身体全体が引きつって動かなくなった。
暗い部屋に目を這わせるとうっすらと家具や天井のシルエットが見えた。じっと息を潜めながら耳を澄ますと、玄関の向こうから誰かが身じろぎをするような音がした。気配はしばらくそこにあり、やがてふっと消えた。それと同時に、身体の自由が戻ってきた。

野田さんは外へ出てあたりを確かめた。そこにはしんとした共用廊下があるばかりで、人の気配はどこにもなかった。

次の夜だった。昨日のことを忘れて寝床でまどろんでいると、なんの前触れもなく体が固まって動かせなくなった。

玄関の方から誰かの気配がする。

〝きい〟

高い金属音が玄関を伝って部屋に響いた。そして、ズンと大きな音がして窓ガラスがかすかに震えた。誰かが玄関の扉を開けようとしていた。

時刻は真夜中だった。音は何度も、何度も繰り返された。動かない身体を冷や汗が伝った。音は次第に弱々しくなり、やがてあきらめたかのようにふっとやんだ。身体のこわばりも、嘘のように解けた。

まさか。野田さんはおそろしい想像が脳内に立ち上りそうになるのを無理やりかき消した。いや、酔っ払った住人か誰かが部屋を間違えたのだろう。ただ、だとすれば鍵を差し込む音がするんじゃないか？　さっきはいきなりドアノブをひねる音が聞こえていたから、そう考えるとやはり不自然だ。いや、部屋を間違えるくらいなのだから鍵を忘れても仕方ないとも思えるが……。都合のいい解釈をでっちあげても気味の悪い不条理にたやすく塗りつぶされた。

翌日、そのまさかが起こった。ベッドで眠っていると強いこわばりが身体中を支配して、玄関のドアがカチャ、カチャと回される。

またか……。野田さんは心のなかでため息をついた。

次の瞬間、かすかな音とともに空気が揺れるのを感じた。屋外の音が鮮明に聞こえはじめ、玄関の扉が開けられたのだと、動かせない身体でもすぐに理解できた。

なにかの息遣いが玄関で立ち尽くしていた。野田さんはいっそう身を固くした。

そのままどれくらい時間が経っただろう。玄関の気配がふと踵《きびす》を返して消えていったとき、野田さんは安堵の深いため息をついた。

真夜中の訪問は連日続いた。玄関先に立っていたものはだんだんと廊下を渡るようになり、キッチンを過ぎ、ベッドに到達するまで残りいくばくもないように思われた。

その晩、眠りから覚めたとき、あたりは真っ暗だった。身体が末端まで痛いほどにこわばっている。施錠しているはずの玄関扉はもはやたやすく開き、男性の静かな息遣いが廊下をゆっくりと渡ってくる。ああ、まさに今、もう手前まで来ている。

野田さんは視線をぐいと廊下の方へ向けた。部屋と廊下の仕切りがわりに下げているすだれの隙間から、こちらをじっと見る目と目が合った。

若い細身の男性だった。どこか寂しげなまなざしは野田さんの姿を見つめ続けた。どれくらい時間が経ったのか、男性はおもむろにすっと後ずさりをして闇に吸い込まれていった。

野田さんは、コンビニで酒と肴を二人分買った。部屋に戻って二つのビールの缶を開けて献杯をし、一本をロフトのひしゃげたパイプの真下に置いた。そして、毎晩部屋を訪れる男性に向けて、思いの丈を語りかけた。

「自分はなんの役にも立てませんけど、気が済むまでこの部屋にいてもらってかまいません」

不思議とおそろしくはなかった。異様なことが自分のそばで起こっているのに、どうしてそう感じるのか自分でもわからなかった。

翌日、野田さんは明るい日光が照らす部屋で目を覚ました。深夜の訪問も、金縛りも、それきりなにひとつ起こらないまま、彼は今でもその部屋で暮らしている。

# 朝の海

映像学科の最後の課題は「映画を一本撮ること」だった。制作期間はおよそ半年間で、十数名ずつのチームに分かれて、作品のテーマ決めから、脚本、ロケハン、撮影、録音、照明、演技、音楽、編集などをすべて行う濃密な課題だった。

芽衣子さんがチームを組んだのは、気心の知れた同コースの仲間たちだった。皆、四年間の集大成を素晴らしいものにしたいという思いと、良い作品が作れれば映画業界の仕事に結びつく貴重な機会を活かしたいという野心で一致団結して制作に臨んだ。

まず、物語の大筋のイメージを話し合い、監督と脚本担当が出した台本をたたき台にして物語を練り上げていった。演出についてチームで意見を出し合いながら絵コンテを描き、衣装の用意をしたりセットや小道具の準備をしながら、講義や就活がない日にはロケハンに出た。シーンごとの撮影場所が決まったら撮影許可を取ってスケジュールを組み、撮影がはじまると寝ても醒めても一緒に行動した。

チームのメンバーと寝食をともにしながら体力の限界まで作品を作るのは、芽衣子さんにとって代えがたい喜びだった。徹夜続きで毎日眠い目をこすりながらも、この日々がずっと終わらなければいいのにと思っていた。

物語の要所に、朝の海のシーンがあった。朝日が昇る砂浜の刹那的な美しい画が、作品でもっとも印象深いシーンになる予定だった。芽衣子さんは目星をつけていた地方の消防局に許可を取り、事前に撮影機材を持ち込んで画角や光の量を決めた。

チームで海に到着したのは真夜中過ぎだった。大型の照明で足元を照らしながら機材の準備を整え、一瞬しかない撮影チャンスのために入念にリハーサルを行った。準備が整ったときにはまだ空は暗く、夜明けを待ちながら休憩も兼ねて皆で腹ごしらえをすることにした。海岸へ来る前に立ち寄ったコンビニのパンやおにぎりだけでなく、簡易的なアウトドアセットで熱いラーメンまで作った。食べ終わるとお菓子を次々と開けて、気がつくと芽衣子さんも皆も腹がはちきれそうなくらい満腹になっていた。

「やばい、これ眠くなるやつだ……」

砂浜に寝そべりながら友人が言った。空は黒から濃紺に変わり、あたりの景色がだんだんと見えはじめていた。夜明けが近づいていた。

芽衣子さんは気合を入れ直そうと立ち上がり、その場で軽い運動をしながらあたりを見回した。空は見る見る明度を上げて、青々とした砂浜の空がどこまでも続いていた。

遠くの方に、なにかが動いているのが見えた。目を凝らすとそれはランニングをしている男性のようだった。芽衣子さんは、早朝から走るなんて物好きがいるものだと思いながら目で追った。男性は徐々にこちらの方向へ走ってきていたので、だんだんとその姿がよく見えるようになった。

男性は波打ち際を走っていた。かなり背が高く、スキンヘッドであるらしい。冷たい風が吹く季節なのにひどく軽装で、白いタンクトップに短パンをはいている。男性が近づいてくるに従って、ほかのメンバーも目で追いはじめる。男性の顔がよく見えてくる。眉毛も髭もなく、なにかぬるりとした雰囲気が漂っている。男性はこちらを一瞥もすることなく、ぎょろりと大きな目玉を斜め上に向けて、大きな口をゆっくりと開けては閉じている。まるで鯉のようだ、と芽衣子さんは思った。

呆気に取られて言葉を失った面々の前を、波のしぶきを蹴り上げながら男性は走り去っていった。その姿が遠くなったとき、芽衣子さんはやっとほかのチームメンバーと顔を見合わせた。

〝今の人、変じゃなかった？〟

そう言おうとして、芽衣子さんは自分の身体の強烈な異変に気がついた。先ほどまであんなに満腹だったのに、猛烈に腹が減っている。なにかを口に入れたくて、喉が渇いて仕方がない。急激な感覚の変化に戸惑っていると、周囲からも「あれ？」「おかしい」という声が聞こえてくる。話を聞くと、どうやら自分だけではなさそうだった。

皆が食事を終えたのはほんの十五分前だった。後悔の声が上がるほど満腹だったはずなのに、今は三日間なにも食べていないと言っても大袈裟ではないくらいの飢餓感に襲われている。

荒唐無稽な想像だが、原因はひとつしか思い浮かばなかった。口をぱくぱくと開きながら走っていったものが、腹の中身を盗っていったのだ。あれは人間の形をしていながら、違うものだったのではないか。

朝の海は晴れ、どのシーンよりも美しい理想的な画になり、完成した作品の評価も上々だった。ただ、撮影の裏側にとんでもない思い出があったことは、しばらくのあいだメンバーだけが知る秘密だった。

# カレーと兵隊

大学時代のある日、同じゼミに所属していた沖縄出身の友人ニキアンが怪談を話してくれた。

ニキアン曰く、沖縄の先輩から聞いた話らしい。すでにその話を聞いていた別の友人は、ニキアンが話をする前からフライングで怖い怖いと言っている。講義室を真っ暗にしてスマホのライトだけをつけ、ニキアンは話しはじめた。

結論から言うと、それはオカルトコレクターの田中俊行さんが語る「あべこべ」という怪談だった。二〇一三年に放送された「稲川淳二の怪談グランプリ」でチャンピオンになったときに披露された名怪談で、現在でもさまざまな場所やメディアで語られている。

当時私はまだ「あべこべ」を知らなかったが、今思い返すと友人の「あべこべ」はオリジナルとはかけ離れていた。沖縄に住む人から人へ語り継がれるうちに、伝言ゲームのようにニュアンスが変わったのだろう、怪談のなかには暖かな沖縄の風が吹いていた。

*

沖縄に住む若い男性は、ある日付き合って間もない彼女と那覇市へデートに出かけた。ぶらぶらと街を歩いている途中でご機嫌なカレーショップを見つけたので、二人は昼食を摂ることにした。

扉を開けて店内に入ってみると、なかは急に薄暗く陰気な雰囲気で、カウンター席が七席ほどあるだけのこぢんまりとしたつくりになっていた。奥に客が数人いるのであいだを空けて手前側の席に腰掛け、店主にカレーを注文したが、待てど暮らせどカレーが来ない。

いったいこの店はどうなっているのだろう。心配になった男性はあたりを見回した。店の奥に腰掛けている三人に目をやると、その席にもまだカレーは来ていないようだった。

そのとき、男性は初めてまじまじと奥の客を見た。頭に丸い帽子をかぶり、カーキ色の軍服を身につけている。そこに座っていたのは日本兵だった。三人ともうつむいたままなにも言わず、顔には影が落ちていた。

日本兵たちの衣服はどこかおかしかった。縫製の縫い目や当て布が服の表面に出ている。

彼らは、軍服を裏返しで着ている。よく見ると、軍靴さえも左右あべこべに履いているではないか。

　言葉を失って目を離せずにいると、日本兵たちはうつむいたままおもむろに両腕を上げて、手の甲をすばやくぶつけはじめた。見るもおぞましい、逆手の拍手だった。

　この人たちは、この世のものじゃない。

「なあ、もうこの店出よう。おかしいって……」

　男性は小さな声で彼女に言ったが、彼女は事態が飲み込めていない様子で、男性の頼みに応じようとしない。恐怖心でいっぱいになった男性はひとりで席を立ち、扉を開けて脱兎のごとく外へ飛び出した。

　大通りへ向けて走りだそうとしたときだった。男性は段差につまずき、激しく道に転んだ。

　痛みに悶えて起き上がれずにいると、店から遅れて彼女が出てきた。彼女は男性を見て目を丸くし、すぐに笑顔になった。

「え、なにしてるの？　おもしろーい！」

　大きな声で笑いながら彼女は激しく拍手をした。その拍手は、手の甲をぶつけ合う逆手の形だった。

ニキアンがしてくれた話を思い出すにつけ、私はある可能性を考えてしまう。

この沖縄での話について単純に考えるなら、先述したように田中俊行さんのオリジナル「あべこべ」――夜釣りに出かけたカップルがおかしな家族に遭遇する話が、人から人へ伝わるうちにここまで形が変わったのだと解釈するのが順当だろう。

*

しかし、これがもし「あべこべ」の怪異と似ているだけの、まったく別の〝実話怪談〟で、沖縄のどこかに体験者がいるのだとしたら。

夜釣りの海だけではなく、真昼間の那覇市やもっと別の土地、自分の暮らす範囲にさえ、逆さの人が現れる可能性があるのだとしたら。

私は〝逆さの人〟に会える日を、心待ちにしたい。

# 家族旅行

父が病との長い戦いを終えたのは、街が浮き足だつクリスマスイブだった。

「お父さんたら、なにもこんな日に逝かんでもね」

リエさんと母はそう言って慰め合った。

葬儀や法事が終わると、父がいない暮らしが徐々に日常になっていった。母は自営業の喫茶店をひとりで切り盛りし、就職活動中だったリエさんは航空会社に採用されて空港で勤務することになった。

家族で海外を旅行していたが、父の病気がわかってからはどこにも出かけずにいた。旅に行く趣味を取り戻したのは父が亡くなった翌年の秋だった。リエさんたちは時々母娘二人でバリ島で羽を伸ばし、またすぐにせわしない日常に戻った。

アメリカに行ったのは一回忌を終えて迎えた一月だった。

会社の伝手《つて》で手に入れた安い航空券を使って、ずっと行きたかったラスベガスに降り立った二人はさまざまな場所を観光した。

そして宿泊地であるピラミッド型のホテルに到着した。

二人を出迎えたのは鮮やかな彩色が施された巨大なスフィンクスの像だった。平行に伸ばされた二本の前足のあいだに道があり、胸の部分にある大きな門をくぐるとそこが施設の入り口になっている。なかへ進むとそのままピラミッドの空間に繋がっており、まるで巨大なテーマパークのようなだだっ広い異世界空間が広がっていた。ホテル、レストラン、プール、カジノ、映画館などのアミューズメント施設が三十階建てピラミッドにひしめき、たくさんの観光客が行き交っていた。

二人は、ラスベガス指折りの観光名所でもある一階のビュッフェレストランで食事をすることにした。

「二人です」

レストラン入り口の受付スタッフに英語で伝えると、スタッフは不思議そうに言った。

「三人ではなく？」

「ええ、二人よ」

リエさんが重ねて言うと受付スタッフはすぐに自分の間違いに気がついたようで「ああ、そうよね」と言い、丁寧にレジカウンターへと案内した。

母娘はレジ担当のスタッフと挨拶をかわし、ビュッフェの説明を受けた。手頃な価格の豊富なメニューが売りのビュッフェで、飲み物に限りテーブルでオーダーするのだとスタッフは言った。

前払いで料金を支払うとビュッフェがスタートとなる。財布を取り出して待っていると、スタッフが確認の声かけをした。

「では、三人でよろしいですか？」

リエさんは戸惑いながら「いいえ、二人ですよ」と言った。

「ああ、そうでしたね」

スタッフは手際よく料金を受け取り、レシートを手渡した。

短時間で二度も同じことが起きた偶然に、母娘は顔を見合わせた。あたりを見回しても三人目に間違えられそうな人物などどこにもいなかった。

レストランは仄暗く、豪奢な雰囲気が漂っていた。彩り鮮やかな料理が並ぶ一角を横目に、ゆったりと広い間隔で並ぶテーブルをいくつか抜けて案内されたのは四人がけの席だった。向かい合う形で座った母娘は、スタッフが持ってきたメニューを覗き込んでドリンクをオーダーした。リエさんはジンジャーエール、母はグレープフルーツジュースにした。

二人はドリンクが来るまでのあいだに料理を取りにいくことにした。

肉、魚介、野菜、フルーツ、デザートなどが、鮮やかに食べきれないほど並んでいた。先ほどの一連の出来事はいったいなんだったのだろうと話しながら、二人は大きな皿にどんどん料理を載せていった。

こんなものかな、と視線で示し合わせたころには二人とも皿が山盛りになっていて、そろりそろりと傾けないようにテーブルに戻る道を歩きはじめた。薄暗い店内で遠目に自分たちのテーブルを捉えると、すでに飲み物のグラスが置かれているようだった。

「あれ……」

親子は同時に声を出した。

グラスは全部で三つあった。リエさんの席とその向かいの母の席、そして母の隣の席に頼んでいないはずのグラスが置かれていた。母のと同じグレープフルーツジュースだった。

席についた母娘はしばらく三つ目のグラスを見つめた。

母の隣にはただ空白の席があった。しかしリエさんの目には、これまで幾度となく見てきた母の右隣に座る父の姿が、そこに重なって見えるような気がした。

　母娘は三つ目のグラスを分け合うことにした。

　父が亡くなったあと、残った二人は力を合わせてつとめて明るく暮らしてきた。この一年間のたくさんの頑張りを、ひょっとすると父がそばで見ていてくれたのかもしれない。ここのレストランで浮かれて、一緒に食事をしようとしているのかもしれない。遠い旅先で母娘は父の思い出話に花を咲かせた。

　お腹がいっぱいになったころ母親が言った。

「あんたのお父さんの病気がひどくなる前な、お父さんと私とでアメリカに行きたいって話しててん。それで、もし自分が行かれへんことになっても一緒に連れていってなって、あのときお父さん言うてたわ」

　そして鞄から小さな写真を取り出した。

　家族で一番旅好きの父の懐かしい笑顔だった。

# 野の怪

# 感染

二〇〇九年、十七歳だった私は、美術大学への進学を目指して地元の小さな美術予備校でひたすらに絵を描いていた。

教室は毎日昼過ぎから午後八時まで開講していた。三人の先生は優しいながらも体育会系の厳しさを持っていて、指導の言葉に涙を流す生徒も多かったが、志望校への合格を目指して励まし合いながら来る日も来る日も絵を描き続けていた。

当時、高校に通わず高卒認定を取って大学を目指していた私は、いつも誰よりも早く予備校に到着していた。午後三時、四時を過ぎると、続々と放課後の高校生たちがやってきて、キャンバスを張ったり水を流したりとてもにぎやかになった。

そのなかでも、特に早い時間にやってくる夏川という同級生がいた。彼女はこの予備校に通うためにここから一番近い高校を選んだという熱意の持ち主で、明るく飾らない性格だった。彼女は高校の授業が終わると一目散に予備校にやってきて、いつも真剣に制作に取り組んでいた。

私と夏川は毎日顔を合わせるうちに仲良くなり、空き時間にいたずらをしかけたり、同じ電車で帰りながら励まし合ったり、休日には一緒に都心に出かける間柄になっていた。

ある夕方、予備校で夏川に声をかけられた。

「ねえちょっと……やばい話を聞いたかもしれない。聞いてほしいけど聞いてほしくない。どうしよう」

珍しく思いつめた様子だったので、はじめはふざけているのかと思ったが、どうやらこちらを笑わせるつもりではないようだった。女子数人で人のいない教室に集まり、話の詳細を聞かせてもらうことにした。

聞くと、つい先日夏川は中学時代の同級生たちとお泊まり会をしたのだという。友人の部屋に七人で集まってしゃべっていると、そのうちのひとりが急に「やばい話がある。どうしよう」と深刻な様子で語りはじめた。

それは怪談だった。

ある少年の話だ。少年は同級生の男子二人と一緒に、ある日多摩川流域の河川敷へ探検に出た。草がぼうぼうと伸びる川沿いを歩いていると、水面から少し離れた草むらのなかに、錆びたトタンの小屋がある。扉を開けてなかに入ってみたが、二畳ほどの小屋のなかにはなにもなく、三人はすぐに飽きて別の場所へ向かう。

その晩、少年は夢を見る。気がつくと狭苦しい空間にひとりで閉じ込められていて、外へ出る扉もない。その場所は、昼間に訪れた河原の小屋だということに気がつく。しかし、昼間と違うところがひとつだけある。

古い桐の箪笥《たんす》が目の前に置かれているのだ。

少年は箪笥の取手を引く。なかには、血の滴る女性の首が入っている。

「髪を剃ってくれ」

轟《とどろ》くような低い声で女性は言う。箪笥のなかで女性の黒髪がぐるりとのたうち、そのなかに昔ながらの小さな剃刀がある。少年は女性の首を取り出して抱え、髪を丁寧に剃ってやる。そのあいだ、女性は少年の顔を見つめ続ける。

やっと剃り終わったときには、手も首も血まみれになっている。夢はそこで覚める。

少年は翌日、学校で顔を合わせた二人の同級生に夢について話す。すると、二人ともが同じ夢を見たのだという。ところが、二人は女のおそろしさに怯えて髪を剃らなかったと打ち明ける。数日後、同級生は二人とも不慮の事故で命を落としてしまう。

夏川の友人はそこまで語ったあと、話には続きがあると言った。

その友人は人づてにこの話を聞いた。体験者の少年が方々で話したものが、夏川の友人のもとまで伝わってきたのだろう。その日の晩に、怪談で語られていたのと同じ夢を見てしまったのだという。夢のなかで友人はなんとか髪を剃り終えたものの、この話はもしかすると〝感染〟するのではないかと思うとおそろしく、ひとりで抱えきれなくなったのだという。

夏川が私たちに言った。

「それで、嘘だろって思うかもしれないけど、お泊まり会の晩に私もその夢を見たんだよ。周りの子も見たって。こんなことあるのかと思ったらびっくりして、怖くなっちゃってさ」

まるで不幸の手紙のような、理不尽な話だった。私はついその非条理さに笑ってしまったが、少しも怖くないとは言い切れなかった。

夏川からその話を聞いた晩、ひとりで床についた私は少し身構えながら眠ったが、記憶に残る夢を見ることはないまま朝を迎えた。それでも、夏川の話してくれた怪談の面白さは色褪せなかった。

私と夏川はそれから、予備校の友人を捕まえてはこの怪談を語って聞かせた。皆が怖がったので、すこし調子に乗って気さくな女性の先生にも聞いてもらうことにした私たちは指導員室を訪ねた。先生は話の最後までじっと耳を傾けたあと、私たちにピシャリと言った。

「二人とも、瑞々しい感受性でいられる時代は今しかないんだよ。幻想を真に受けて消耗している場合じゃないでしょう。しっかりして！」

急に恥ずかしくなって私はごまかし笑いをした。それは横の夏川も同じだったが、先生は私たちを切々と叱り、頑張りなさいと言った。

「まさか、あんな反応が返ってくるとは」

「申し訳なかったね」

帰りの電車で私も夏川もショックを引きずっていた。一日を思い返すと、話を聞いてもらった友人たちにも悪いことをしてしまったようで、私は穴があったら入りたいような気分になっていた。

電車は家の最寄り駅に到着した。私は夏川に挨拶をして電車を降り、改札を出て大きな階段を下った。広いロータリーには数台の車が停まっていて、そのなかに仕事帰りの母の車もあるはずだった。

ところがこの日は母は来ておらず、少し待ってはみたが、まっすぐな道の向こうにも母の車の気配はなさそうだった。仕事が長引いているのだろうと思い、家までの道のりを徒歩で帰った。

家のなかには母の姿があった。聞くと、とっくに仕事から帰っていたという。

「迎えがいるかどうか電話をかけたのに、あんたがずっとふざけてるから、迎えにいかなくていいのかと思っちゃった」

携帯を確認すると、一時間ほど前に母からの着信に応答した履歴が残っていた。私はそのとき、先生に怒られていたはずだった。

母は続けた。

「あれはなに、あんたの友達だったの？　お母さんが迎えにいこうかって聞いても、低い声でもしもーし？　もしもーし？　って、カセットテープが伸びたみたいに。ザーザー鳴って聞きづらいし、そのあともあんたから連絡はないし。怖いからやめてよね」

私の携帯の着信に友達が出るはずがない。携帯は一日中、服のポケットに入っていたのだ。

私は怖くなり、この出来事を記憶の奥に封印した。誰かに感染させてはいけないと思ったからだった。

# 深夜高速

金曜日の夜、小野さんが仕事を終えてまっすぐ家に帰ると、妻と幼い二人の子どもは出発の準備を万端にして出迎えた。八月のはじめに盆休みを避ける形で夏の連休を取った小野さんは、家族揃って福島県の実家に帰省する計画を立てていた。

神奈川県の家から福島県の奥にある実家までは、高速道路を順調に走らせて五時間ほどの道のりだった。道中、二人の子どもが退屈しては手間がかかると思い、子どもが眠る深夜に家を出発して明け方に実家に到着する旅程を選ぶことにした。

深夜十一時過ぎ、数日分の泊まりの荷物を持って四人は出発した。予想通り、後部座席の子どもたちはあっという間に寝息を立てはじめた。助手席の妻も疲れた様子だったが、仕事帰りの小野さんの身体を気遣って眠るまいとしていた。

静かなドライブだった。道路の流れは順調で、首都高速を乗り継ぎながら常磐自動車道に入ったのは午前一時を回ったころだった。あとはただ降り口まで道を北上すればよかったので、乗り継ぎを見逃さないように張り詰めていた気持ちも少し和らぐようだった。気がつくと横の妻も熟睡していた。都心から離れるに従って夜闇は深くなり、似たようなつくりの景色がどこまでも続いた。

どこかで一度、眠気覚ましをした方がいいかもしれない。さすがに疲れを覚えた小野さんは、パーキングエリアに入って少し身体を休めることにした。

そこは茨城県にある小さなパーキングエリアだった。停車中の車はぱらぱらと少なく、あたりには夜霧が漂っていた。眠る家族を置いて車から出ると、湿っぽく重たい空気がまとわりついてきた。

照明の落ちた素朴な売店を横目に、小野さんはトイレへ向かった。広い間隔で横並びになった小便器の奥側を選び、明るい蛍光灯に照らされながら用を足していると、だんだんと意識が覚醒していくのを感じた。

外から誰かが入ってきて、少し離れた場所で用を足しはじめた。小野さんは洗面台へ向かうために後からやってきた男性の脇を通り過ぎようとして、ふとその後ろ姿を横目に見た。

やや身長が低く、ほっそりとした体格の男性だった。短髪の首元から覗く皮膚は、アマガエルのような鮮やかな緑色をしていた。

　ぎょっとして見ると、黒いＴシャツから覗く腕も均等に同じ色だった。ずっと視線を向けているわけにはいかないのでそそくさと移動したが、手を洗いながら小野さんはつい鏡越しに観察してしまった。お祭りかなにかで仮装をしたのか、緑色の刺青を入れた人なのだろうか。いけないと思いながらも好奇心が抑えられない小野さんは、トイレの出口から少し離れた場所に佇んで男性が出てくるのを待つことにした。

　すっとトイレから出てきた緑の男性は、駐車場に向かうでもなくあたりを歩きはじめた。ちらちらと見ることしかできなかったが、短パンの足元が街灯に照らされると、やはり鮮やかな緑色が見えた。十代にも三十代にも見える不思議な後ろ姿で、ふらふらと灯りの落ちた食堂に向かい、入り口の前に立って暗い店内をじっと見つめたまま佇んだり、そうかと思うと奥の売店へ向かって、同じように食べ物の看板を眺めたりした。そして、自動販売機が並ぶ場所へ行くと、小銭を出すでもなくまぶしい灯りをじっと見つめて立ち尽くしていた。小野さんはその姿を見てはっと息を呑んだ。男性の横顔は、妖怪図鑑で見た河童とまったく同じだった。さも当たり前のように、河童が服を着てそこに立っていた。

　河童は自販機をあきらめ、ベンチに腰掛けてうなだれた。腹を空かせているのかもしれないと小野さんは一瞬気の毒に思ったが、相手は河童なので声をかける勇気は出なかった。

そのとき、顔を上げた河童と目が合った。暗がりのベンチで、その目はビー玉のように輝いていた。河童はおもむろに立ち上がった。そして、こちらに向かって笑みのような表情を浮かべた。

小野さんは身がすくみそうになった。河童がなにを考えているかも、自分がどうしたらいいかもわからなかった。小走りでその場から逃げ出し、駐車場を抜けて車の運転席に滑り込んだ。エンジンをかけすぐにアクセルを踏み込んで出発した小野さんはバックミラーに目をやった。そこに映る河童は立ち尽くし、ただこちらを見つめているようだった。

ほかの家族は全員熟睡していた。朝、小野さんが見たものについてこと細かに話をしても、誰にも相手にされなかった。

後で調べたところによると、パーキングエリアがあった場所の付近には昔から沼地や川が多く、河童を主神として祀《まつ》る神社があったり、古い河童伝説がいくつも語られたりする日本有数の河童発生地域だった。時代が移り変わるに従って、河童のような妖怪も人の暮らしに適応し、服を着て人間のトイレを使いながら生活しているのだろうか。小野さんは今でもふと、もしもあの夜、河童に微笑まれたときに逃げ出さなかったらどうなっていたのだろうと考えてしまう。

# ターミナル

第一ターミナルに悲鳴が響き渡ったとき、リエさんは国際便の団体客を搭乗ゲートまで連れていくところだった。窓の向こうには、大小さまざまな飛行機たちが春の日差しを浴びて翼を休めていた。

関西地方の空港でグランドスタッフとして勤務していたリエさんは、その日、昼過ぎのフライトに搭乗する外国人団体客の通訳ガイドを担当することになった。若いころから語学に情熱を注いできたリエさんにとって国際線のグランドスタッフはとてもやりがいのある仕事で、働きはじめて五年が経っていた。

四月の和やかな午後だった。団体客のひとりひとりに目を配りながら出国審査と保安検査場でのセキュリティチェックの手助けをしたリエさんは、国際線の搭乗口がずらりと並ぶターミナルへと案内した。搭乗ゲートは長いターミナルの端にあった。まっすぐ歩いて数百メートルの距離があったので、リエさんは団体客が退屈しないように雑談を振りながら歩くことにした。飛行機の搭乗開始時刻までは十分な時間があった。

天井まで伸びる大きなガラス窓の向こうには、広い滑走路と穏やかな海が見えた。飛行機の搭乗時刻を伝えるアナウンスが絶えず響き、さまざまな国へ向かう旅行者たちは、ベンチに腰掛けたり売店に並んだりしながら思い思いに搭乗開始時刻を待っていた。

リエさんが客の飛ばした冗談に笑ったときだった。

遠くの方で悲鳴が響き渡った。耳慣れない大人たちの絶叫だった。すぐになにか緊急事態が起こったのだとわかった。リエさんは不安にかられたが、仕事中である手前、様子を見にいくのはためらわれた。どうしようかと考えていると、遠くから耳を疑う声が聞こえてきた。

「人がエンジンに！」

「整備士が巻き込まれた！」

思いもよらない言葉に、リエさんは咄嗟に窓に近づき、滑走路の方を見た。ひらけた風景のなかで、離陸を控えた大型の旅客機が、誘導路を低速で走行する姿勢のまま不自然に停止していた。翼についた丸いジェットエンジンから陽炎が立ち上っていた。その片方の吹き出し口の下から、地面を伝って真っ赤な液体が尾翼の先まで延びていた。よく見ると、赤い線のなかにくしゃくしゃに丸めた紙のようなものが点々と落ちている。その場所へ向かって、整備担当の職員たちが掃除用具を持って駆け寄っていく後ろ姿が見えた。

　リエさんは咄嗟に、団体客がこの光景を見てショックを受ける前にここを立ち去るべきだと考えた。そして、決して動揺が出ないように会話を続けて足早にその場をあとにし、飛行機のタラップへと進んでいく団体客を見送るまで、ひとときも笑顔を崩さなかった。

　飛行機の出発を確認してから、ほかの職員との連絡業務などを終えてようやく一息ついたリエさんは、空港の中央にある事務所へ帰るため元きた道を戻りはじめた。

　職員の事務所までは直線距離で一キロほどあった。陽が西に傾きかけていた。事故を起こした飛行機は欠航になったと聞いたが、それでも空港は機能し続け、飛行機はせわしなく離着陸していた。リエさんは徐々に緊張感がほぐれるのを感じながら無心で歩いていた。

　そのときだった。なんの前触れもなく、なにか大きなものに右肩がぶつかった。大きく弾き飛ばされたリエさんはよろけた身体をなんとか立て直し、後ろを振り返った。そこには、がらんとした待ち合い席が並んでいた。あたりの空間はひらけていて、ぶつかるようなものはなにもないはずだった。しかしなにかがおかしい。よく目を凝らすと、厚いガラスを通したときのように空間が歪《ゆが》んで見える。そこから目を離さないようにゆっくり後ずさりをして天井を見上げたとき、それがなにかがわかった。

「わ」

それは巨大で透明なひらがなの「わ」だった。角ばったゴシック体で線が異様に太く、文字の隙間がほとんどない。それがまるでガラス製のオブジェであるかのように二つの搭乗口の天井から床までを隙間なく埋め尽くしていた。呆気に取られながら見上げていると、「わ」越しに、電光掲示板の文字が目に入った。さまざまな言語で、この場所が上海行きの便の搭乗口であることが表示されている。出発予定時刻は、数十分前の時刻を示していた。それは、すでに空港を飛び立っているはずの飛行機の案内表示だった。本来であれば離陸の直後に消えているはずのものだ。リエさんは気がついた。ここに表示されている便は、先ほど整備員がエンジンに巻き込まれた事故の当該便だ。

あたりは奇妙なほど人の気配がなかった。巨大な「わ」越しに、整備士がエンジンに巻き込まれた現場の誘導路が見えた。

リエさんは「わ」を見上げながら、先ほどの出来事を思い起こしていった。

もし整備士がエンジンに吸い込まれる瞬間を目撃した人々がいるとしたら、この場所の付近で窓の外を眺めていた可能性が高いのではないか。ならばこの「わ」は、事故を目撃した人々の絶叫が形を持ったものなのではないか。

事故はすぐにニュースになった。やがて、それが整備士の自殺だったことと、彼が航空会社の労働環境に苦しんでいたことが明るみになった。リエさんはこう思わずにはいられなかった。彼は、航空会社に一番打撃を与える方法を考え実行したのではないか、と。

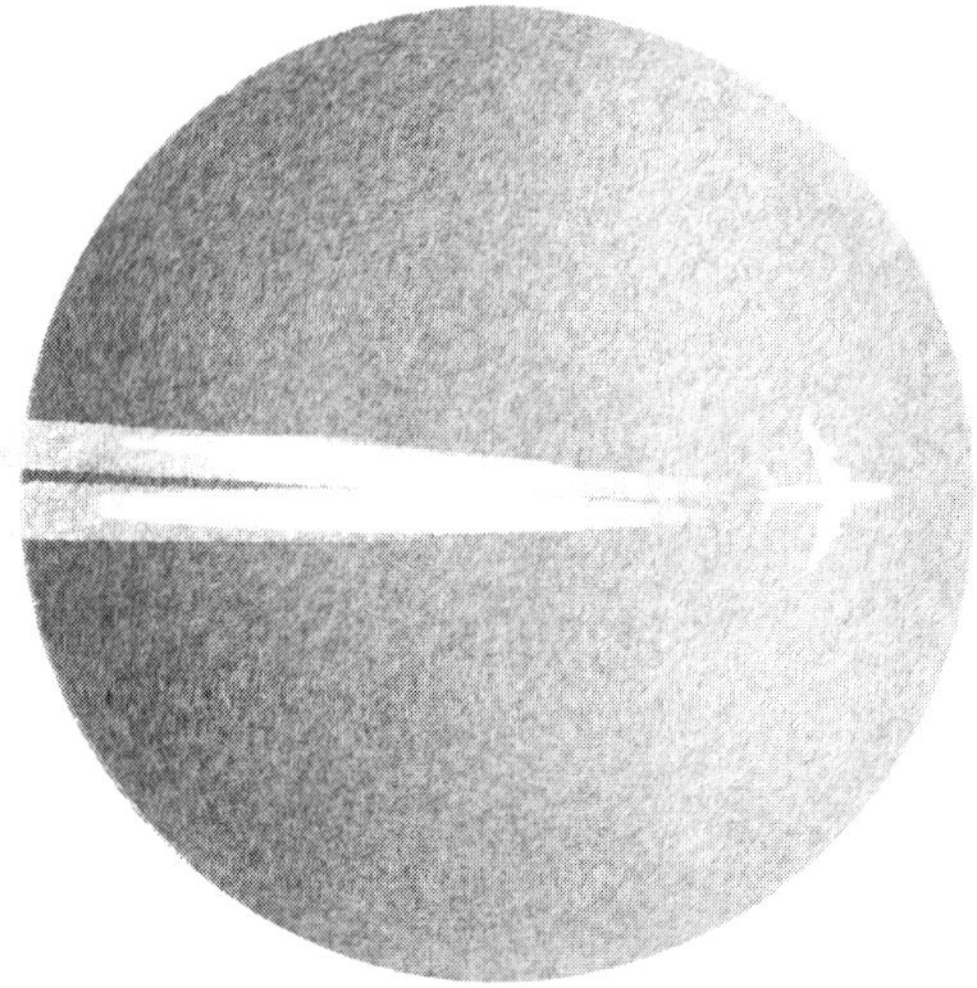

# 女と夜

丸川さんは若いころ、心霊スポット巡りと女遊びに情熱を注いでいた。地元の新潟県から上京して東京の外れにある大学に通っていたが、三年生のときに地元へ帰省する機会ができたので、インターネットで知り合った新潟在住の女性をドライブデートに誘った。

彼女は子持ちのシングルマザーだった。家まで迎えにいくと、生後六、七ヶ月の赤ん坊を連れていた。丸川さんは自分の車の後部座席にチャイルドシートを固定して、すやすやとよく眠る赤ん坊も一緒に出かけることにした。

丸川さんには、デートと兼ねて地元に戻ったら行きたい場所があった。助手席の女性にはあえてなにも伝えずに、目的地へ向けて車を走らせた。

新潟市の街中から田んぼ道を延々と走り、暗い山あいに入ったところに月岡温泉の郷があった。そこからさらに少しだけ奥まった場所に、ずっと来たかったラブホテルの廃墟があった。

そこは地元の人々のあいだで心霊スポットとして有名な場所であり、丸川さんが大学に進学する前には友達とよく探検に訪れた、いわば青春の場所でもあった。

月明かりがホテル入り口の豪奢なアーチを照らしていた。丸川さんはアーチの横に車を停め、なにも知らずに困惑する女性を少しだけ怖がらせるつもりで話しはじめた。

「実は、昔ここによく来ててね……」

そのとき、後部座席から赤ん坊が動く気配がした。二人で振り返ると、赤ん坊は暗闇のなかで目をぱっちりと開けて、にこにこと笑っていた。

「あ、起こしちゃったか。ごめんね」丸川さんはそう声をかけた。

赤ん坊はなおも満面の笑みを浮かべて、手足を大きくばたばたと動かしながら声を上げて笑いはじめた。助手席に座る母親の顔を見て喜んでいるのだろうか。丸川さんは微笑ましく赤ん坊を眺めた。

ところが、笑い声は状況に見合わないほどに大きく甲高い歓声に変わっていった。明らかに喜びすぎている。ただでさえ暗くて見えにくい車内で、いったいどうしてしまったのだろう。

丸川さんは赤ん坊の丸くて小さな手が窓の外を指さしていることに気がついた。振り向くとそこにはラブホテルのアーチがあり、その奥にはぽっかりと暗い建物の正面入り口があった。

赤ん坊はラブホテルの入り口を食い入るように見ながら、キャッキャと笑い声を上げていたのだった。

＊

それから二年ほどが経ち、丸川さんは二十三歳になっていた。

SNS上で知り合った一回り歳上の女性とメッセージのやりとりを重ねて、実際に会おうという流れになった。丸川さんが女性の住む千葉県に出向くというと、女性は丸川さんを一週間ほど家に泊めてくれると言った。

女性はどこか独特の雰囲気を漂わせていた。丸川さんが「心霊スポットに行きたい」と言うと乗ってきて、その一週間、二人でさまざまな曰く付きの場所に足を運んだ。ある神社では心霊ロケをしているテレビクルーに遭遇し、気を遣って引き返すことにしたが、女性はぽつりと「あの人たちが探している場所じゃなくて、あの林のあたりだね」と言った。

彼女は、自発的に話そうとはしないものの、どうやらいろいろとほかの人にはわからないものを感じ取っている様子だった。丸川さんが話をしてほしいと言うと、別れる日が近くなったころに、女性が二十代だったころのエピソードを教えてくれた。

仕事終わりの夜だった。女性が歩き慣れた家路を辿ってコンビニの前を通りかかると、コンビニから漏れる灯りを浴びた自分の姿がガラスに反射しているのが見えた。

その像に違和感を覚えてよく見ると、自分の顔の半分がおかしくなっていた。片方は普段通りの自分だったが、もう片方は血を流して変形した中年の男性の顔になっている。

女性は慄き、それ以上コンビニに近づかずに済むように、普段とは違う道を通って帰ることにした。

遠回りをするように通りを抜けて道を曲がると、道路の先に赤い光が明滅していた。なにやら交通事故のようで救急車とパトカーが停まっていたが、その道を通らなければ家に帰れないので足ばやに通り抜けようとした。現場をちらりと見ると、慌ただしく動く救急隊員と、地面に血を流して横たわる男性の姿があった。その顔は、先ほどコンビニのガラスに映っていた半分の顔とまったく同じだった。

その話は丸川さんの記憶に焼き付いた。女性にとっては、その話は餞別のつもりであるらしかった。

それから五年以上が経って丸川さんを取り巻く環境は変わり、今では女性遊びをやめて落ち着いた暮らしを選ぶようになった。だが、今でも、彼のなかには出会ってきた女性たちゃ訪れた心霊スポットの記憶は忘れがたく残り続けている。

# 空き地

離れて暮らす両親が犬を飼いはじめたらしいことは、母親からの連絡で知っていた。侑斗さんが使っていた子ども部屋は犬専用の部屋に変わり、両親は犬と飼い主が一緒に学ぶしつけ教室にも通いだしたらしい。過保護なところがある両親が大変な愛情を注いで犬を育てていることが、日々の手紙やメールから溢れるほどに伝わってきた。

昔から犬が好きだった侑斗さんも、年末年始の休暇に愛知県から北関東の地元に帰省することを心から楽しみにしていた。

「もうラブは本当にやんちゃ！　一日中すごいの！」

地元の駅まで迎えにきた母親は、久しぶりに顔を合わせた侑斗さんに犬のことばかり話した。仔犬のころはコロコロとしておとなしかったが、成長して骨格がしっかりとしてくるに従って、とんでもないいたずら心が芽生えてしまい手に負えないらしい。

家の敷地に到着すると、もう犬の太い鳴き声が聞こえてきた。玄関の扉の奥で待っていたのはクリーム色のラブラドール・レトリーバーで、玄関にあがった侑斗さんに勢いよく吠えかかり、全身で喜びを表してタックルを繰り出したり、手や顔がべたべたになるほど舐めたりした。

久しぶりの実家は嘘のように様変わりしていた。木製のドアや柱はことごとくガジガジにかじられており、壁紙は廃墟のようにめくれ、フローリングは変色するほど傷がついていた。いくら懸命にしつけをしても、ありあまる若いエネルギーがそうさせるらしい。やんちゃという言葉はこの犬のためにあるのだと侑斗さんは思った。

「ラブ、お兄ちゃんが散歩に連れていってくれるって！　よかったね！」

母親は犬に太いリードをつけて、到着したばかりの侑斗さんに渡した。一時間ほど散歩をすると、少し気が済んでおとなしくなるらしい。

言われるがまま、侑斗さんは犬に引っ張られるようにして散歩に出かけた。どうやら犬には決まった散歩コースがあるらしく、迷わずぐいぐいと引っ張るようにして歩いた。

久しぶりの地元の景色を犬と一緒に歩くのは、想像よりもとてもいいものだった。気がつくとあっという間に一時間近く経ち、犬は自分の意思で勝手に帰り道を歩きはじめた。犬は家に帰るなりドッグフードを食べ、あっという間に眠り、起きると夜の散歩に行きたがった。

それから、正月の準備で忙しい母親に代わって、実家に滞在する短い期間は夜の散歩を侑斗さんが担当することになった。

犬は凍えるほど風が冷たい日も寒さなんてものともせずに、白い息を吐きながらどんどん歩いた。数日が経ってお互いの存在に慣れてくると、犬は侑斗さんの歩幅に合わせて歩いてくれるようになり、時々こちらを振り返っては表情をうかがうような顔をした。


ある夜、侑斗さんは散歩のコースを変えてみようと思い立った。十五歳のときに県外の寮がある高校に進学してから十年以上が経って、地元をゆっくりと見て回りたくなったのだった。

二人は、通学路や、友達が住んでいた住宅街、子どものころ習いごとで通っていた裏道などをでたらめに歩いた。起伏のある旧街道には飲食店やコンビニが並んでいたが、半分以上は見知らぬ店になっていた。

そのまま歩いた先には巨大な空き地が広がっていた。そこは物心ついたときから空き地で、時々携帯ショップやリサイクル店が建っても、一年ほどで更地に戻る土地だった。

最後にここに来たときには、なにが建っていたんだっけ。侑斗さんは思い出そうとして立ち止まった。レストランだった気もするし、雑貨店だった気もした。

歩道の向こうから歩いてきた中年の男性が、侑斗さんの視線につられて空き地を見やり、きつい訛りで「ここ、長続きしねえよな」と話しかけてきた。

「はい、もうずっと不毛の地って感じで」

侑斗さんが答えると、男性はうなずいて言った。

「だってここは処刑場だもん。昔、罪人だけじゃなく、たくさんの侍とかその家族が殺されてさ、首が見せしめで並んだよ。土にひどい目にあった人の血が染み込んでる」

スキンヘッドの男性は、手をこすり合わせながらなおも話を続けた。

「冤罪も多かったんだ。処刑人に仕事をやるために、殺されるほどじゃない罪人も連れてこられて。あれはひどかった。殺されたあとも土に埋められたらまだいい方で……」

侑斗さんが相づちを打っても打たなくても、話はいつまでも続きそうだった。

「あの、どうもありがとうございます」

侑斗さんは犬のリードを引き、家までの道のりを凍えそうになりながら帰った。

「ラブはそのときどうしてたの？」

ことのあらましを母親に話すと、母親はまず犬の心配をした。犬はあのとき、草のにおいを嗅いだり、きょろきょろとあたりを見回したりしていたはずだ。

「それはおかしい。知らない人の近くでラブがおとなしくしているはずがない。いっつも散歩中に人様にダッシュして迷惑かけるんだから。あんた、そんな人、本当にいたの？」

母に言われて初めて侑斗さんはあの出来事の違和感に気がついた。初対面の自分にすら、会えた喜びでタックルをしてきた犬だ。自分はあのとき、リードを強く引くことすらしなかったではないか。

侑斗さんは男性の顔や、強い訛りを思い出しながら母に尋ねた。

「ねえ、パチンコ屋の横の空き地が処刑場だったっていうのは有名なの？」

「さあ、そんな話、私は聞いたことない。でもあそこ、お母さんが子どものころからずっと空き地だったよ」

自分が話をしてくれたあの人ははたしてこの世の人だったのだろうか。もしかすると、自分は忘れられた土地の歴史に触れたのではないか。

背筋の冷たくなった侑斗さんは翌日からまったく別の経路で犬の散歩をした。

# 登り窯

　旅先で友人とした陶芸体験で初めてろくろに触ったとき、千紗子さんはそれまで感じたことのなかった胸の高鳴りを覚えた。土や水の加減を調節しながらじっくりと形を作り、長い時間をかけて火を入れ、できあがれば何十年と手元で使えるほど丈夫なものになる。自然現象と人が手を取り合って作りだす芸術に触れた千紗子さんは、それからどんどんと陶芸にのめり込んでいった。

　仕事が休みの日は近所の陶芸教室に通って土に触れ、街に出れば陶磁器を買い、大きな陶器市があると聞けば遠方へも足を運んだ。そして数年後には千紗子さん自身も陶芸の道を志すようになった。

　二十代半ばだった千紗子さんは思い切って仕事を辞め、実家から車で通える工房に弟子入りをした。そこは市街地から山を二つ越えた森のなかにある窯で、師匠となる作家とその息子夫婦、そして兄弟子に当たる若手が働いていた。

高齢の師匠は穏やかで度量の大きな男性だった。どれだけ懸命に取り組んだ作品でも、窯から出した段階で割れていることや、釉薬《うわぐすり》の具合が失敗に終わることもたびたびあったが、師匠は失敗を静かに受け止めて黙々と土を捏《こ》ね続けた。弟子は千紗子さんを入れて三人いたが、師匠がひとときも休むことなく制作を続けるので、その横で材料を運んだり、量ったり、温湿度や天候の変化に対応したり、できあがった器を卸したりしているうちに一日が終わっていた。

工房には、坂の斜面に沿って作られた登り窯があった。千紗子さんはこの昔ながらの技法に惚れ込んでいた。

トンネル状に固められた長い窯に、脇から人が出入りできる扉が三つついていて、なかにはそれぞれ耐熱棚が設えられている。そこに焼成前の陶磁器を並べ、一番下の燃焼室と呼ばれる穴で薪を組んで燃やすと、熱が上昇して一気にたくさんの作品に火を入れることができる。温度管理の難しいシビアな技法だったが、うまくいけば効率的に均一な焼き具合の作品を作ることが可能で、焼き上がった作品には薪の火でしか出せない風合いが刻まれるのだった。

工房ではほかにも窯を持っていたが、登り窯を使うときは特に大掛かりな仕事になった。

作品に火を入れるときは温度を均一に保つために約三日間薪をくべ続け、冷やすときには急速冷却で作品が割れるのを防ぐためにそれ以上の時間をかけて温度を下げる必要があった。師匠やその一番弟子である息子は、交代で昼夜を問わず火の様子に気を遣い、弟子たちも夜遅くまで窯の手伝いをした。

火を入れはじめて二日目の夜だった。

雨がしとしとと登り窯を覆う屋根にあたっていた。千紗子さんは、真っ暗な足元を懐中電灯で照らしながら窯の脇の階段を上り、下段と中段の扉にそれぞれついている温度計を確認した。窯のなかはここ数時間一六〇〇℃で安定していて、薪を特別に追加する必要はなさそうだった。

一番上の扉に近づいたとき、どこかで耳慣れない音が鳴っていることに気がついた。耳を澄ますと、屋根に打ちつける雨音に混じって、くぐもった音が聞こえてきた。

それは真っ赤に燃える窯のなかで響く、喉をからすような男の叫び声だった。

千紗子さんの全身に鳥肌が立った。思わず窯の小さな窓からなかの様子を覗いたが、焼成棚に規則正しく並べた作品が高温によって白く発光する厳かな世界が広がっているだけだった。しかし、叫び声は傷のついたレコードのように窯のなかから繰り返し聞こえてきた。

火が入った窯のなかは一瞬たりとも人がいられる場所ではない。なのにいったいなんだというのだ。いや、人の声なんかじゃない。たまたま人の声らしく聞こえる音が鳴って、それで私が悪い想像をしてしまっただけだ。千紗子さんは自分に言い聞かせた。

「どうした？　大丈夫か？」

窯の下で顔を合わせた師匠が千紗子さんのただならぬ様子を察して声をかけてきたが、千紗子さんはその夜なにも言葉にすることができなかった。

それでも翌日、登り窯を目にすると、昨日の声が蘇るようで膝が震えた。しかし、自分が怯えていては、真剣に制作に取り組んでいる皆の足を引っ張ってしまうかもしれない。内なる葛藤が周りに伝わったのか、夜になって師匠の息子が様子をうかがってきた。

「今日少し様子が違うなと思って見てたんだけど、なにかあった？」

迷ったが言えるのは今しかないと感じた。

「自分でも少し疲れているのではないかとは思うんですが、昨日の夜遅くに窯作業をしていたら叫び声が聞こえたんです。小さくてこもっていて、どこから聞こえるのかと思ったら、窯のなかからだったんです。男性が絶叫するような声で……」

千紗子さんがそう言うと、師匠の息子は信じられないというように「本当に？」と何度も問うた。

「前にもそれと同じことを言った弟子がいたんだ。窯のなかに男がいるって怖がって、なかに入ってくまなく点検したりして。でも、そうしているうちに、その弟子が作る作品が変になった。火入れした器を窯から出すだろう？　彼の器がまれにひしゃげているんだ。割れとかヒビとかじゃなくて、手で叩き潰したような跡がついていて……気味が悪くてすぐに割ったけどね。彼はここを独立して何年にもなるし、この話を知っている人自体、もう少ないんだけど……」

　千紗子さんは、混乱する頭でなんとか言葉を絞り出した。

「この窯は、いつからあるんですか」

「詳しくはわからないんだ。元はここの工房のものじゃなかったから。他所《よそ》の工房がずっと長く使っていて、そこが潰れたときに僕の祖父が譲り受けたらしい。でも、その前の工房が窯を建てたという話でもなくて、人から人へ渡ってきたものなんだって聞いた。だから……」

　その先の言葉を飲み込んだ師匠の息子と、千紗子さんが想像したことは同じだったと、今でも千紗子さんは考えている。

　だから、かつて窯で焼かれた人がいたとしても、おかしくない。

# 幽閉

幸代さんが目を覚ましたとき、寝室には真昼の明るい日差しが満ちていた。あたりに家族の気配はなく、皮膚が鈍く重く感じられた。

ここは夢のなかだ。そう気がついてベッドから起き上がると、視界の端に揺れるものがあった。

見ると部屋の角に見知らぬ人がゆらゆらと立っていた。それは年老いた女性で、白い着物の襟を左前にした死装束をまとっているが、裾から赤い液体がぽたぽたと滴っている。幸代さんが戸惑っていると女性はゆっくりと手を伸ばし、こちらに足を踏み出してくる。

幸代さんは慌てて寝室の掃き出し窓からベランダに出ようとした。しかし、窓はびっちりと固まってびくともしない。

仕方がないので廊下に出て階段を駆け降り、後ろをついてくる女性から距離を取りながら、玄関の扉に手をかける。が、ここも開く気配はない。

家中の出入り口を回ってみるものの、すべてがふさがれてしまっていて逃げ道はどこにもなかった。幸代さんは、後ろをひたひたと音をさせながら追ってくる女性から、気が遠くなるほど長いあいだ家のなかを逃げ回った。

「息苦しい夢だった。寝た気がしなかったわ」

幸代さんがそう言うのを、娘のいずみさんはうんうんと聞いた。いずみさんは、母が夢の話をしたら心に留めるようにしていた。

幸代さんは以前にも、家のなかに年老いたおばあさんが忍び込んでくる夢を見ていた。そのときには大事にしていたペットが変死し、同居している祖母が一時的に錯乱状態になる事態が起こっていた。

ただ、昨日の夢に登場したのは、以前と同じおばあさんではなかったらしい。幸代さんはしばし記憶を辿った様子だったが、夢の女性には見覚えがないと言った。

幸代さんはそれから同じ夢を毎晩繰り返し見るようになった。必ず自分のベッドで目を覚ますところからはじまり、窓や玄関は開かず、追ってくる女性から延々と逃げ回るなかで突然目が覚める。どれだけ繰り返し見ても細部までなにも変わらなかった。

「もう、どう考えてもおかしい。これは夢じゃないんじゃないか、という気がしてきた。

一旦うちの墓があるお寺に聞きにいく」

七日目の朝に幸代さんはそう宣言し、母を心配していたいずみさんもそれに同行することにした。

寺で幸代さんの話を聞いた僧侶は、少し考え込んだ様子だった。

「もしも、夢のなかの女性が亡くなった仏さまだったとしたら、その方の供養をさせてもらうこともできますが……。そうですね、こういうときはご先祖さまに報告すると変わることがあるので、一度お墓に行ってみましょうか」

そして、幸代さん、いずみさん、僧侶の三人は人気の少ない墓地に移った。幸代さんの家が受け継ぐ墓に到着した親子は、合掌をする前に簡単な手入れをはじめた。

「あれ……」

墓の後ろに回った僧侶が声を上げた。そちらを見ると、墓石の後ろに設置した塔婆立ての先祖代々の卒塔婆のなかに、一本の真新しい卒塔婆が差さっているのが目に入った。

新しい卒塔婆のすべすべとした木肌には、見慣れぬ戒名が書かれていた。僧侶が慌てた様子で言った。

「これ、ついこのあいだお墓に入られた方のものです。二つ隣りのお墓です」

「他所さまの卒塔婆がどうして……」

「先日あちらのお墓に卒塔婆をお納めした時点では、間違いなく正しい場所にありました。なので、可能性として考えられるのは誰かのいたずらです。管理の目が行き届かなくて、申し訳ありません」

新しい卒塔婆はすぐにあるべき場所に戻された。僧侶はそれぞれの墓に念入りに供養を行うと言い、最後にぽつりと告げた。

「あの卒塔婆の仏さまは高齢の女性だったんです。なので、夢のなかに繰り返し現れた人というのは、もしかすると……」

その言葉の通りか、幸代さんの夢もその晩からやんだ。

翌日、親子は一週間を振り返って考えた。

繰り返し同じ夢を見続けたことがもしも卒塔婆の女性と関連しているのだとしたら、女性は幸代さんの夢のなかで、自分の居場所はここではないと訴え続けていたのではないだろうか。だとするとつじつまが合うように思えた。しかし、血液を滴らせながら追ってくる女性の姿を思い出すたびに、もうひとつの可能性を考えざるを得なかった。

あの女性は幸代さんが夢を見はじめるより前から、同じように女性の遺族の夢に出ていたのではないか。そして、夢から逃れようとした遺族が、墓から卒塔婆を抜き取り、こちらへ移動させようとしたのでは。もしもそうなのだとしたら、卒塔婆が戻ったあとも、誰かの眠りのなかであの夢はずっと続くのではないか。

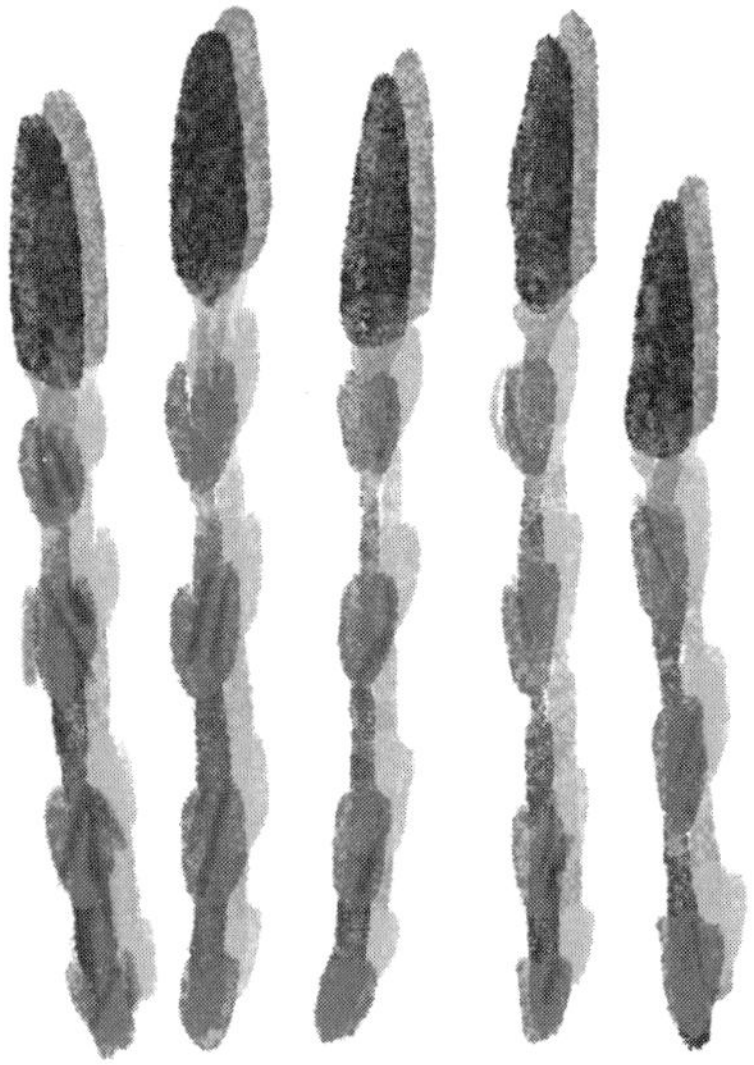

# 踏む

九月の休みに旅行を兼ねて軽い山登りに行こうと誘ってくれたのは、社内で一番仲のいい同僚だった。身体を動かすことが好きな石井さんは二つ返事でそれに乗り、二人で候補となる山を考えたり、ああでもないこうでもないと旅程の相談をしたりした。そして、中国地方のとある神社から奥宮へ続く登山コースに目標を定め、夕方まで山歩きを楽しんだあと、街に出て地酒を飲み、夜はホテルの温泉に入る予定を立てた。

日差しは暖かく風は冷たいさわやかな秋晴れだった。高速道路からナビに従って一時間ほど田舎道を走り、神社の駐車場に到着した二人はさっそく奥宮に向けて出発した。

仲見世通りや本堂に並ぶ参拝者たちを横目に見ながら、石井さんは自分のしっかりとした登山装備はやりすぎだっただろうかと気恥ずかしくなった。しかしそれは杞憂だった。厳かな本堂にお参りをして奥へと進んでいくと、山肌の暗がりに奥宮への登山コースが覗いて見え、コースを登りはじめて十分後には、その険しさに驚くことになった。

はじめこそ木の階段があったものの、やがて木の根がぼこぼことのたうち回る道に変わり、勾配もどんどん急になっていく。

石井さんは学生時代にはトレッキングに熱中した時期もあったが、社会人になってからはなかなか山へ出られずにいた。それは同僚も同じだったようで、山の険しさを見誤ってしまったことに山のなかで気がついた。

やがて濃い霧が漂ってきた。予定ではさくさくと三時間ほどで登るはずだったが、体力を失って途中で動けなくなったり、怪我をしたりしないように、時間をかけて安全に登る方針に変えることにした。

どれくらい時間が経ったころか、石井さんは足元を確かめながらほとんど無心に登っていた。大きな木の根を越えようとしたとき、左足の靴底に気持ちの悪い感触が伝わった。

そのまま靴が地面に引っかかったような感覚になり、石井さんは足を止めた。登山靴の靴底になにか固いものが刺さってしまっている。屈んでよく見てみると、錆びて赤茶けた細い金属の棒が朽ちた落ち葉のあいだから覗いていた。足をしっかりと持ち上げて金属棒を靴から抜いた石井さんは、この危ないゴミに無性に腹が立った。これを踏んだのが登山靴を履いた自分だったからよかったものの、軽装でやってきた人はうっかり踏み抜いて怪我をしてしまうかもしれない。こんな山深くで足に怪我を負うとしたら、どんなに大変だろうか。

あとの参拝者たちのために捨てておいてやろうと思った石井さんは、金属棒に指をかけて引き抜こうとした。ところがなかなか抜ける気配がない。両手で持って引き抜こうとしたとき、金属の棒の周辺に、水分を含んで朽ちかけた落ち葉にまぎれるように、藁の束があることに気がついた。それはぺしゃんこに潰れてはいたが、人の形をしていた。

石井さんは背中に冷たいものが流れるのを感じた。石井さんは朽ちた釘らしきものから手を離し、なにも言わずにその場から立ち去ることを選んだ。

やがて霧が晴れ、山頂到着への目処となる看板が現れた。

「なあ。さっきのって藁人形やんな」

石井さんが言わずにいたことを同僚は口にした。

「僕もそうやと思う。本物初めて見た」

「あんなのに触って、おまえ呪われたで。御愁傷様」

完全に他人事だからかそれとも珍しいもの好きなのか、同僚はどこか楽しげだった。

そして二人で「どこかの木から落ちてきた藁人形よりも山を登って呪いをかけたやつの執念が怖い」などと冗談を言っているうちに、石井さんが抱いていた気味の悪さはどこかに吹き飛んでしまった。そうだ、なにも気にすることはない。

その後も登り続けた二人はなんとか奥宮に到着し、そして無事に下山することができた。本堂がある広場に出たころには陽が傾いていた。予定より時間をかけたこともあって、二人はくたくたになりながら本堂を横切り、神社の出口から仲見世通りに差し掛かった。二人のくたびれた姿が周りの参拝客からよほど浮いていたのか、茶店の前で呼び込みをしていた高齢の女性に「お疲れのお兄さんたち」と明るく声をかけられた。二人は、せっかくならと野点《のだて》席でジュースと甘味をもらうことにした。

二人が腰をおろしてゆっくりしているあいだ、女性はラジオのように話し続けた。少し前に女性の夫が亡くなってから店を自分ひとりで切り盛りしていること、女性は八十代後半であること、近ごろは外国からの観光客が増えていつになく儲かっていること、仲見世通りに軒を連ねる店の高齢化について。右から左に流れていく話になんとなく相づちを打ちながら、石井さんはふと丑《うし》の刻参りについての噂などを尋ねてみようかと思ったが、しばらく待ってもこちらに話のターンが回ってくることはなさそうだったので、そのまま店をあとにすることになった。

ホテルに移動した二人は酒を飲みに出かけ、ほどよく酔っ払ったところで温泉に入って、眠る前にもう一杯晩酌をした。そして真夜中過ぎに遊び疲れて床についた石井さんは、嫌な夢を見てすぐに目を覚ました。

深い霧のなか、石井さんはひと気のない石畳をひとりで歩いていた。やがて、眼前に昨日訪れたばかりの仲見世通りのような場所が現れた。対に連なる店をひとつひとつ見回していくと、カウンターの向こうは無人か、店によっては、人間の背丈ほどある藁人形が立っていた。

茶店に辿りつくと、野点席には店の女性が物言わず腰掛けていた。そのかたわらには、やはり人間ほどの大きさの藁人形が立っていた。石井さんはふと自分の手に握っているものを見やった。小ぶりな金槌《かなづち》だった。

目が覚めたあとも、どうしてもその夢が嫌でたまらなかった。山のなかで同僚にかけられた「おまえ呪われたで」という言葉が蘇り、頭にこびりつくようだった。

きっと、山のなかで藁人形を見つけたことが自分にとってショックの大きな出来事だったから、頭を整理するためにこうして夢に出てきてしまったのだろう。石井さんは、そう考えをまとめて冷静になろうとしたが、どうしてもおそろしくてたまらなかった。

石井さんは昨日の出来事に思いを馳せた。

そもそも、なぜあんな山奥に藁人形が落ちていたのだろう。いや、〝落ちていた〟と感じてはいるが、果たしてその捉え方は合っているのだろうか。

石井さんは考えないようにしていた疑問を意識せざるを得なくなった。

藁人形を貫いた釘がどこかから落ちて、たまたま地面に深く突き刺さることなどありえるだろうか。

もしも、あれが偶然に落ちたものではなく、最初から誰かによって地面に打ち付けられたものだったとしたら。

自分が誤って釘を踏んだのではなく、誰かに踏まされていたのだとしたら。

釘を踏めば、体重がかかった分より深く地面に刺さるだろう。それは金槌で木に釘を差し込む動作に近いのではないか。もしかして、自分はこの足で、金槌の代わりをさせられたのではないか。

そうか。自分は呪いをかけられたんじゃない。呪いをかける側を誰かの代わりにやらされたのだ。自分だけではなく、知らず知らずに釘を踏んできた参拝者たちは、少しずつ分担するような形で、呪いをかける役割を着せられてきたのだ。

では、人に肩代わりさせたくなるような呪いとはいったいどういうものなのだろう。石井さんは疲れた頭で思いを巡らせたが、納得のいく答えが出ることはなかった。ただ、想像しうることとして、人に肩代わりさせたくなる種類の呪いこそ、それに関わることすら避けたくなる呪いこそ、もっとも邪悪で強力なものであるように思われた。

このまま考え続けるとあまりにもおそろしい人間の心のうちに触れてしまいそうだった。石井さんは想像をかき消し、逃げるように眠りについた。

旅のあとも、石井さんは鬱蒼《うっそう》とした山を見ると、足元からおそろしさがせり上がってくる感覚に襲われるようになった。現在は大好きだった旅行へも足が向かなくなっているという。

# 人の怪

# 祖父の山

山深い土地に行くと悠希さんはある夏の出来事を思い出す。

小学校三年生の七月だった。悠希さんは夏休みのあいだ共働きの両親に送り出されて、長野県にある祖父母の家に預けられることになった。

以前から祖父母には何度も遊んでもらい、二人ともとても優しく接してくれることを悠希さんは知っていた。しかし、関西の都市部で生まれ育ち、それまで両親と離れて外泊をしたことがなかった悠希さんは、長野行きが不安でたまらなかった。何度も寂しさを訴える悠希さんを見かねてか、出発の前に母親が励ますように言った。

「田舎だけど遊び場はたくさんあるから大丈夫よ。それに、おじいちゃんが持っている山ではカブトムシがいっぱい捕れるの。連れていってもらってごらん」

そのとき悠希さんは虫をモチーフにしたアニメやゲームに熱中していたので、母親の言葉は寂しさや不安を吹き飛ばすほど胸躍るものだった。宿題や文房具や着替えが入ったキャリーバッグの隙間に虫の図鑑と虫捕り道具をねじ込み、出発のときを待った。

翌日、長野県の小さな駅に到着した悠希さんと母親を祖父母が出迎えた。

車で田園風景をしばらく走り、細い山道を登っていったところに祖父母の家はあった。平家の日本家屋は古いながらも立派で、家のすぐ後ろには山がそびえていた。あたりには蝉の鳴き声がうるさいほどに響き、庭の小さな池ではさまざまな生き物が泳いでいた。

悠希さんはさっそく虫捕りに夢中になった。六十代の祖父がそばで一緒に付き合いながら、庭のなかで特に虫がいる場所を教えてくれた。

「おじいちゃん、僕カブトムシが捕りたい」

そう言ってみると祖父は「もちろん」とうなずき、晴れた日に早起きをして山へ入ろうと言ってくれた。母親が帰るころには、悠希さんと祖父は親友のようになっていた。

数日後の朝四時に二人は目を覚ました。簡単な朝食を食べてしたくをし、外へ出たときには空はまだ薄暗かった。

朝早いというだけでも悠希さんにとっては大冒険だった。祖父は家の裏から森へ入ると懐中電灯をつけ、足元を照らしながら先導してくれた。

クヌギの木に到着するまでのあいだ、祖父はいろいろなことを話してくれた。祖父母の家では代々農業をしていて、以前は周辺の山や田んぼをたくさん持っていたが、もうほとんど手放して残り少なくなったこと。虫捕りは悠希さんの母親が子どものころ以来であること。そのころどんなに虫が捕れたか。

悠希さんと祖父は足取り軽く、クヌギやコナラの生える場所を巡っていった。しかし、いくら木の幹を丹念に観察しても昆虫の姿は見つからない。祖父は首をひねりながら、もう少し上まで行けばまだクヌギの木があったはずだと言った。悠希さんは気がはやるままにどんどん山を登った。

気がつくとあたりは木々が青々と見えるくらい薄明るくなっていた。ゆるい斜面を登りながら、祖父の後ろをついていく。ふとあたりを見回すと、三六〇度同じような景色が広がっていることに気がついた。

祖父は迷子にならないのだろうか。心配になったそのとき、どこかから音がした。

〝プルルルルル……プルルルルル………〟

それは電話の呼び出し音だった。音がする方をよく見ても、そこには木々が広がっているばかりだった。家屋らしき建物も見えない。聞き慣れた、悠希さんの家の固定電話と同じ音だった。

でも、電話がかかってきているのだから、取った方がいいのではないか。

音の方へ一歩踏み出したとき、祖父が悠希さんの手を強く握った。

「もう帰ろう、な。大丈夫だから」

そのまま祖父は足早に山を降りはじめた。祖父が手に込めた力は強くなるばかりで、「おじいちゃん、どうして」と聞いても「大丈夫だから、大丈夫だから」と繰り返すばかりだった。

やっと家に辿りついたとき、悠希さんはわけがわからず泣きだしそうになっていた。玄関に滑り込むと祖父は繋いでいた手をほどき、鍵がかかっているか何度も確かめた。いつもの笑顔はどこかに消え、力なく「ごめんな、ごめんな」とつぶやいた。

「おまえが長男だということを忘れてた。本当に悪かった」

やっと少し落ち着いたころ、祖父は悠希さんに向き直り、おとぎばなしのような話をはじめた。

山は、代々祖父の家のものだったが、一家の長男が足を踏み入れると、どこかから音がするのだという。高祖父にあたる人は「すみません、すみません」というきれいな女性の声を聞き、曽祖父は黒電話の音を聞いたという。それは長男を呼び寄せる音だった。

「おじいちゃんは子どものころずっと、大人たちが子どもをからかってホラを吹いているのだと思っていた。ただ、おじいちゃんの兄が若いころ山の仕事から帰ってきて、とっくの昔に死んだ飼い猫が山で鳴いているっていうんだ」

気がつくとそばで祖母も話を聞いていた。

「それから兄は、山の方を見ては、猫が呼んでる声が聞こえるから迎えにいってやらなきゃと言うようになった。おかしいと思っていたら、それから少しして行方がわからなくなった。もう、何十年も前のことだから、おじいちゃん、そのことが頭からすっぽり抜けてしまった。本当にすまなかった」

悠希さんは山のなかで電話の音を聞いたときの感覚を思い出した。絶対にそんなはずはないのに〝電話に出れば母親の声が聞けるかもしれない〟と感じたときのことを。

それから、夏休みが終わるまで、悠希さんは片時も祖父母のそばを離れなかった。

# すきま

私は二〇一八年に素人として怪談の大会に出場し、それをきっかけに怪談に関わる仕事をはじめた。イベントに出演して怪談を話したり、テレビの仕事に誘ってもらったりしていたが、しばらくのあいだ身内にはそのことを黙っていた。

私はタカをくくっていた。人前で怪談を語るといってもきっと数えるほどで、すぐになんの取り柄もないパート主婦の日常に戻るだろうと当たり前に思っていた。いつもお客として観にいくイベントに出演している人々と一緒に舞台に立てる、楽しい人生の特異点。そう思って疑わなかった。

しかし、ありがたいことに出演依頼はぽつぽつと続き、怪談好きの知り合いや友人も増えた。実話怪談の取材をさせてもらう機会も多くなって、趣味だった実話怪談が徐々に仕事になっていった。

そのあたりから関西に住む知り合いや大学時代の友人には怪談の仕事について話すようになっていった。珍しがったり訝《いぶか》しんだり、私が出ている映像を見て笑ったり、自分も怪談が好きだと言ってくれたりと反応はさまざまだった。

しかし、離れて暮らす母にはなかなか言いだせなかった。大学に進学して以降、母とは数ヶ月に一回お互いの近況をメールで報告するくらいの距離感で、実家に帰省するのも数年に一度になっていたが、慎重派の母のことなので、娘が人前に立つ仕事をしていると言えば不安に感じるのでは、と思ったのだ（単純に少し気恥ずかしかったというのもある）。結局、仕事をはじめて二年目の年賀状に「実は怪談の仕事もやってます」と書き添えることで、簡単にカミングアウトをしたのだった。

母の反応は私が思っていたよりもずっと好意的なものだった。母は大の怖がりで刺激的なもの全般が苦手だったが、私が出演している映像や配信を見て感想をくれたり、前作の『怪談びたり』が発売されるときには地元の書店を回ったと言ってくれた。そして、私が「不思議な話を聞いたら教えてほしい」と頼むと、周囲の人に尋ねては私に教えてくれるようになった。

あるとき母から電話があった。仕事上の知り合いから、不思議な体験談を聞けたのだという。

知り合いが勤める病院では、週に一度ほど夜間勤務がある。夜勤にあたるあいだ、職員は交代で数時間ずつ仮眠を取ることができるのだが、休憩室で目をつむってまどろんでいると、ふと近くに気配を感じる。驚いてまぶたを開けると、目の前に、鼻と鼻が触れそうな距離で人の顔が覗き込んでいたという。顔は次の瞬間には消えてしまった。

「この話、今日聞いたの。怖いよね」

電話越しの母の語りには、体験者が語った言葉の気配や熱が移っているようだった。あともうひとつ聞いたの、と母は言った。

同じ休憩室での話だった。夜勤のスタッフが仮眠を取るために眠ろうとしたところ、どうも誰かがいるような気配を感じる。前々から職員のあいだで「休憩室にはなにか出る」と話題になっていたこともあり、気味悪く感じながらあたりを見回すと、休憩室と廊下を隔てる背の高いついたてに目が吸い寄せられる。ついたての下に開いている十センチほどの隙間になにかがいる。

「ふふ、ふふふ……それでね」

電話口で母が笑いだした。

真夜中、休憩室のなかにひとり。身が凍るような思いでついたての隙間を凝視する。男性らしき目元が、にやにやと歪んだ目でこちらを覗いている。

「それで、ふふ……。普通、一〇センチの隙間なんて、身体を横向きにしてなんとか覗けるかなってくらい狭いじゃない？　だから自然に考えると見える目はひとつだけなんだけど、そのとき、男の目は二つ横に並んでいたんだって、ふふふ。だから、床から頭が出ていたことになるの、ふふふ、あははは」

　母は電話を遠ざけて大声で笑いはじめた。私は腕に鳥肌が立つのを感じた。

「どうしたの？　どうして笑っているの？」

　母に問いかけても答えはなく、大笑いの声が続くばかりだった。


　怪談を聞いていると、自分が笑っているときに隣の人は怖がっている、ということがよく起こる。人それぞれ頭のなかに思い描いているものも、出来事の捉え方も異なるからだろう。怪異の受け止め方に正解がないところが怪談の魅力のひとつだ。しかし、この話をしているあいだの母は、少なくとも私の知っている母とどこかが違っていた。ついたてから覗くにやにやとした目、という言葉を思い出すたびに、あのときの母の笑い声が蘇る。

# プレゼント

なんとなくいいな、と思っていたバイト仲間に告白されたのはヒロヨさんが大学二年生のときだった。相手は専門学校に通う同い年の男性で、しゃきしゃきとした明るさを振りまきながらも気取ったところがなく、働きものなところが素敵だった。二人はバイト終わりに流れで食事に行ったり、休日に遊びに出かけたりする微妙な期間を経て、冬がはじまるころに正式に付き合うようになった。

大阪の街はクリスマスムード一色だった。クリスマスに休みを合わせて取れなかった二人は、プレゼント交換に力を入れることにした。二人とも成人を迎えたばかりで、一段大人になったという気概もあったので、値段を気にせずにお互いが欲しいものをリクエストし合うことに決めた。

ヒロヨさんは根っからのゲーム好きだったこともあり、その年に発売された「ゲームボーイアドバンスSP」本体を頼むことにした。恋人はスニーカーが欲しいのだという。

次のデートで二人は心斎橋に出かけた。家電量販店には目当てのゲーム機がたくさん並んでいて、恋人は本体を買うついでにゲームソフトも買ってくれた。

二人は次に靴屋へ移動した。ヒロヨさんは、店内に所狭しと並べられた最新型のスニーカーを眺めながら、恋人に似合いそうなものを探してその都度薦めていったが、恋人は歯切れの悪い返事をして、そのまますっと店を出てしまった。

「実は、欲しいスニーカーが決まってるねん。ちょっと歩いて売ってる店を探してもいいかな」恋人は申し訳なさそうに言った。

次なる靴屋へ歩きながら、ヒロヨさんはスニーカーの特徴を詳しく教えてもらった。

それは、靴に詳しくないヒロヨさんでも履いたことのある有名ブランドの人気シリーズで、ゴツくて真っ赤なスニーカーなのだと恋人は言った。

「このあいだ専門学校で履いてるやつを見かけて一目惚れしてさ。めっちゃ格好よかったん。いいなと思って、ちょっとだけその人のこと尾行したもん」

恋人は細かい特徴をとめどなく話した。ヒロヨさんは恋人が物陰に隠れて執念深くスニーカーを観察しているのを想像して大笑いした。

大型店に到着した二人は意気揚々とディスプレイを回ったが、恋人のいう形のスニーカーは展示されていなかった。

ヒロヨさんは店員に声をかけて特徴を説明した。店員は快く相談に乗ってくれ、バックヤードから商品をいくつも抱えて持ってきて、モデルや希少度を説明しながら次々に赤いスニーカーを見せてくれた。

しかし恋人は首をひねるばかりだった。そのなかにも、求めているものはないのだという。

「もしかしたら、探してるやつって限定のやつとかなんちゃう」

ヒロヨさんがおずおずと言うと、恋人はスニーカー探しをあきらめて、ほかに気に入っていたというモデルのスニーカーを選んだ。

しかし、せっかくの機会なのだから、恋人が欲しがっていたモデルをプレゼントしてあげたい。恋人と解散したあとヒロヨさんはそう思い、その後も靴屋を見かけては覗いたり、調べてみたりした。

けれど、それらしいスニーカーはあるものの、恋人がいう文字のデザインや配色とはどこか違うものばかりだった。

恋人は一足先に社会人になり、その二年後にはヒロヨさんも大学を卒業した。それから数年間恋人として過ごした二人はやがて結婚し、子どもにも恵まれた。仕事と子育てに追われているうちに、時間は矢のように過ぎていった。

ある夜中だった。ヒロヨさんが子どもを寝かしつけたあとにリビングで過ごしていると、夫が自室で野太い奇声を上げた。

「え、え！　ママ来て！　早く！」

何かと思い駆けつけると、夫はノートパソコンの前であんぐりと口を開けていた。覗き込んだディスプレイにはスニーカーの画像が表示されていた。

〝２０１３年１月発売予定 ナイキエアマックス＋２０１３〟

それは新発売のスニーカーに関する記事だった。

「間違いない、これやねん！　覚えてる？　付き合ってすぐクリスマスに探しにいったスニーカー。絶対にこれや。とうとう見つけた」

夫は声にならない声で言った。二人は一晩中、どうして、なんでと繰り返し続けた。あのクリスマスから、ちょうど十年目だった。

# 恋人たち

金曜の夜、残業を終えた美幸さんは大阪梅田行きの阪急京都線に飛び乗った。恋人のもとで過ごせる久しぶりの週末だった。

八つ歳上の会社員と付き合ってから半年が経とうとしていた。美幸さんはインターネットを通じて知り合った相手と付き合うのは初めてだったが、メッセージのやりとりを重ねたり一緒に過ごしたりするうちに恋人の優しさに触れ、気がつくと誰よりも心安らぐ存在になっていた。

山の見える駅に着くと、改札前で恋人が待っていた。居酒屋で酒を飲みながら会えなかった時間分の話をして、コンビニで明日の朝食を買い、並木道を通って恋人のマンションへ着いた。恋人の部屋はモデルルームかと錯覚するほど整然としていて、聞くと美幸さんが部屋に訪れるときは必ず掃除機をかけたり整理整頓したりしてくれているようだった。

二人は好きな音楽を聴いたりゲームをしたりしながら、まるでずっと前から恋人だったかのように過ごした。

明け方、美幸さんは毛布にくるまりながら、恋人がベッドのふちに腰掛けて煙草を吸うのを眺めていた。窓から差し込むぼんやりとした青さに恋人の白い背中が照らされていた。会話をしなくても気持ちが通じ合っているようだ、と美幸さんは感じていた。

そのとき、恋人の背中にチラチラと黒っぽいまだらの模様が走った。模様はまるで蛇が這うかのようにくねくねと上半身を走り回り、背中一面に真っ黒な汚れのようなものを残していった。

〝とったら殺す〟〝愛してるよ〟〝私だけのもの〟〝誰にも渡さない〟

指でなぞって書きつけたような文字だった。文字はすぐに色褪せてすっと消え、あっという間にもとのきれいな背中に戻った。

ざわざわと嫌な胸騒ぎがして、美幸さんは自分が今見たものについて恋人に伝えるのをやめておいた。そして、翌日、恋人がシャワーを浴びているあいだに、マットレスの隙間や、部屋の隅やタオルのあいだにアクセサリーや小さな化粧品を隠した。

それから美幸さんは〝もしも恋人の部屋に誰かが来ても女性の気配を感じるように〟恋人にたくさんの女性らしいプレゼントを贈った。顔にも態度にも表さず、自分の見たものを確かめるためにただ素晴らしい彼女であるよう心がけながらそのときを待った。
二ヶ月後、一人暮らしの自宅で過ごしていたときだった。真夜中にツイッターの通知が鳴り、作りたてのアカウントからリプライが届いた。

〝私とあなた、二股かけられていました〟

そして、恋人と女性が写っている写真や、メッセージアプリの会話を写したスクリーンショットが個別のメッセージで届いた。そのなかには、美幸さんが恋人の部屋に置いてきたピアスの写真もあった。

ずっとだまされていたことがわかっても、美幸さんは少しも驚かなかった。背中の文字を見たあのときから、とっくに知っていたからだ。

# 遭遇

インテリア関係の会社に勤務する船木さんは、その日仕事で大阪を訪れていた。ある商業ビルの内装についての打ち合わせだったが、事前にしっかりと資料をまとめていたこともあり、予定していたよりもずっとスムーズに話がまとまった。ほっと胸をなで下ろしていると、取引先で担当を務める男性社員がこの後の予定を尋ねてきた。

「近くに一泊して適当に飲みにいきます」というと、同じく飲み歩くのが好きだという男性は店をいくつか薦めてくれた。

ビルを出ると空は暗くなりかけていた。週の真ん中の祝前日とあって、通りや駅には人が溢れかえっていた。

船木さんはもともと学生時代からひとりで飲み歩くのが好きだったが、二年前に妻とのあいだに子どもが生まれてからは、ひとりでどこかへ飲みにいく楽しみを完全に手放していた。それでもたまに会社の行事で飲み会に行ければかまわなかったし、飲み屋の常連客同士から付き合いはじめた妻も我慢しているはずだったが、今日はごくまれにしかない出張である。少しくらい、仕事の疲れを飛ばすつもりで飲みに出させてもらってもかまわないだろう。船木さんは地下鉄なんば駅の地上行き階段を上った。

　細い路地には小さな飲み屋が並び、熱気やにおいが立ち込めていた。いくつかの店を横目に見ながら、立派すぎずボロボロすぎない小さな立ち飲み屋を選び、ビールを二杯飲んだ。

　次の店はせっかくなので先ほど取引先の社員に教えてもらった店に入ることにした。地図を頼りに辿りついたのは雑居ビルの小さなバーで、明るい中年の女性がカウンターのなかでキレ良く働いていた。

　大阪らしいざっくばらんな明るさがある場所だった。先客たちは皆笑顔で会話をしており、女性店主が時々ツッコミを入れては笑いが起こっていた。船木さんも歓迎を受けて話の輪に入ったが、聞くとほとんどの客が出会ったばかりだという。にわかにはそうとは信じられないくらいに打ち解け合っていたので、船木さんも楽しくなって次々に酒を頼んだ。

　そのなかに、どんどん爆弾発言を繰り返す若い女性がいた。少し派手な見た目ながらふんわりとした雰囲気を漂わせており、四六時中はにかむような笑顔を見せていた。船木さんは女性とウマが合うに違いないと感じた。

ひとり、またひとりと客が帰っても、船木さんと女性は残って会話を続けた。年齢は離れていたが趣味や嗜好が近く、よくひとり飲みをしているのだと言った。

何杯も飲んでさすがに酔いが回った船木さんは、終電の時間が近づいていたこともあり、ここで切り上げてホテルに戻ることにした。名残惜しさを感じながらも店を出ると、それを追うようにあの女性が飛び出てきて、連絡先の交換を持ちかけてきた。

「また大阪に来たときに連絡ください。きっと気に入ってもらえるバーがあるので、飲みにいきましょう」

結局船木さんは、自分が子持ちの既婚者であることを告げずに連絡先を交換してしまった。

そして船木さんは、ふらふらと人波にのまれながらなんば駅へ向かって歩きはじめた。とっくに深夜になっているにもかかわらず、通りには浮かれた人が溢れていた。細い路地から曲がってきた女性とすれ違った。一瞬、異様なものが視界に入った気がして振り向くと、そこには東京にいるはずの妻の姿があった。顔をうつむかせ、鋭い目で見上げるように船木さんの顔を睨みながら、肩が触れ合う距離で通り過ぎていった。

船木さんは驚いてその女性を目で追った。しかし、人波は次々とやってきて、妻らしき後ろ姿はどこかにまぎれてしまった。

急に冷たい水を浴びせられたような心地になり、その場で妻に電話をかけた。

「………もしもし。なんですか」

静かな電話口から妻の声が聞こえてきた。

「今、どこにいる?」

船木さんが慌てて尋ねると、妻は眠そうに言った。

「もう寝室だけど」

「今、難波にいなかった?」

「え? 難波? 言ってることがよくわからないんだけど……」

電話の向こうから飼い猫の鳴き声が聞こえた。船木さんは背中に冷たい汗が伝うのを感じた。

「酔っぱらっているのか」という妻の問いをごまかして電話を切ったあと、ホテルに戻って心の底からおそろしくなった。

先ほどすれ違った人物は、他人の空似とはとても言えないほど妻そのものだった。見慣れたニットを着ていたし、髪型だって妻と同じだった。電話では寝室にいると言ってはいたが、実はそれは嘘で、本当は大阪に来ていたのではないか。荒唐無稽かもしれないが、それ以外に納得できる想像はなかった。

気がつくと女性からお礼のメッセージが来ていた。船木さんは申し訳ないと思いながらも、連絡先ごと削除した。

東京に帰宅して顔を合わせた妻には、なにも変わった様子はなかった。子どもにそれとなく尋ねてみても、母親の行動について特に口にすることはなかった。

翌年だった。大手の取引先と打ち合わせをしたあと、接待を受けて飲みにいくことになった。案内されて到着したのは水商売の店で、席で待っているときらびやかに着飾った女性が次々にやってきた。

しばらく時間が経ったころにやってきたある女性に船木さんは目が奪われた。目鼻立ちが涼やかで、受け答えも落ち着いており、客を喜ばせる話し方を心得ていた。女性と会話ができる時間はあっという間に過ぎていき、二回延長を頼んだが、船木さんはそれでも話し足りなかった。

またいつかこの女性に会いに訪れたい。もらった名刺をしまいながら、船木さんは頭の片隅で妻への言い訳を考えはじめていた。

会計を終えて店から出ると、数人の女性たちが見送りに出てきてくれた。そのなかにはあの女性もおり、船木さんに笑顔で握手を求めてきた。船木さんは自分がひどく破顔しているのを感じながら握手を交わし、手を振ってその場から離れようとした。

そのときふと、女性たちの後ろの螺旋階段が目に入った。ビルの外側についているもので、見上げると四、五階にあたる高さのところにこちらを見下ろす妻が立っていた。氷のように冷たい表情だった。

船木さんは衝撃のあまり、取引先の社員にタクシーへの乗車を促されるまで妻から目を離すことができなかった。浮ついた気分は消え去り、酔いとは違う動悸《どうき》がして気分が悪くなりそうだった。

自宅に戻ると、暗い室内で妻はすうすうと寝息を立てていた。船木さんは自室で名刺をシュレッダーにかけながら数時間前の軽薄な胸のときめきを悔いた。

それから船木さんは、女性と仲を深められそうな機会があっても、おそろしい妻の姿を見たくないため清廉潔白に暮らしている。

# 廊下

教室の廊下側に菜々子さんの席はあった。前方に座るクラスメイトたちの白い背中は皆黙々と机に向かい、あたりには紙をめくったりペンを走らせたりする音が静かに響いていた。菜々子さんも自分のノートに目を落とし、黒板を時々確認したり、先生に注目したりしていた。

高校受験の雰囲気が漂いはじめたクラスにはぴりっと張り詰めた空気が漂い、菜々子さんも志望校に合格するため日々勉強に励んでいた。

ふと、手元から目を上げたときだった。長身の生徒が廊下に出ているのが窓越しに見えた。それはクラスメイトの男子だった。

お手洗いに行くのだろう。菜々子さんはクラスメイトの背中を目で追った。

ところが、彼はぐにゃぐにゃと変な動きをしながら同じところを歩き回っているばかりで、一向にトイレに向かおうとはしなかった。踊っているような、はしゃいでいるような妙な動作だった。ふざけているようでいて、どうも気味が悪かった。

いったいどうしたのだろう。周りのクラスメイトや先生は気づいていないのだろうか？教室を見回したが、誰ひとり人廊下の異変に気づいている者はいなかった。全員がきちんと着席して、菜々子さんが先ほどまでそうしていたように集中して授業に取り組んでいるようだった。

そのなかに、廊下で踊っているはずのクラスメイトの背中があった。菜々子さんが廊下を見ると、彼は相変わらずおかしな徘徊をしている。が、教室のなかには彼の背中がある。クラスメイトが、視界のなかに同時に二人存在していた。

菜々子さんは静かに混乱した。どうしようか考えているうちに、廊下のクラスメイトは移動をはじめ、視界の外へ消えていった。

この出来事をあのクラスメイトに打ち明けるべきだろうか。授業が終わったあと、菜々子さんは思い悩んだ。しかし、受験勉強という現実的な問題を抱えるなかで、自分がいきなりおかしなものを見たと告白したとしたら、いったいどう思われるだろう。胸に広がる心細さを抑え、彼にはなにも告げずにいることを決めた。

その日の夜、自宅に帰った菜々子さんのもとにクラスの友人から連絡が入った。あのクラスメイトが交通事故にあったという報《しら》せだった。学校からの帰り道に車に轢《ひ》かれ、足を怪我して病院に運ばれたと書かれていた。

あれはなにかの前兆だったのだろうか。菜々子さんの頭に、あのぐにゃぐにゃとした動きが蘇った。

幸いクラスメイトの命に別状はなく、数日後から登校できるようになった。しかし、彼と顔を合わせても、菜々子さんはなにも告げることができなかった。

それからも、街で女友達を見かけて連絡を取ると、そんな場所には行っていないと言われることがあった。そして、その直後に彼女は事故にあうのだった。

もう二度と、友人たちのおかしな分身に出会いたくはないと、菜々子さんは強く願っている。

# 自画像

関西にある美術大学の日本画学科に進学した凜さんがまず驚いたのは、同級生たちの絵の上手さだった。

凜さんも美術大学の高い倍率をくぐり抜けたひとりで、地方の美術予備校では周りの誰よりも絵が上手かった。大学に来るまでにすでに基礎的なデッサンや技法は身に付けてきたつもりだったが、いざ学生生活がはじまると、周りは浪人を重ねてきた学生や、飛び抜けてセンスのいい学生ばかりに思え、自分のペースを保つのがやっとだった。

同級生のなかでも特に飛び抜けて上手いタカコさんという女性がいた。黒い髪を後ろでひっつめた年齢不詳の美しい女性で、足先が少し宙に浮いているかのようなふんわりとした雰囲気を醸し出していた。細密描写の課題に取り組むと、自分と同じものを見ているはずなのに、彼女の絵のなかには温度やにおいや空間までもが広がっているようだった。

凛さんは、タカコさんに対して同級生ながら雲の上の人を眺めるような気持ちで接していた。しかしタカコさんは凛さんによく声をかけてきて、一緒に学食に行ったり、課題をしたりするうちに、よく二人で遊ぶ仲になった。

遊びといっても派手な街中に行くことは稀で、風景や植物を写生したり、動物園に出かけてスケッチをしたり、美術館に出かけたりと、美術を介して時間を過ごすことが多かった。

二人ともが大学のそばで一人暮らしをしていたので、やがてお互いの家に行き来するようになった。夏ごろには周りの学生から「付き合っているのか」と聞かれるほど、いつも二人で一緒に過ごすようになっていた。

仲良くなってみると、タカコさんはなにも気取らない女性だということがわかってきた。どんなものを見ても絵に繋げて考えるため、人間関係の問題やこまごまとした面倒ごとを受け流せる反面、生活に無頓着すぎるところがあった。無口な質《たち》で表情も変わらないので、凛さんはよく、タカコさんの化粧気のない彫刻のような顔をひそかに眺めていた。

秋の後期日程がはじまり、素材・技法の講義で自画像の課題が出された。学生たちには課題のためのアトリエが分け与えられ、凛さんが自分の区画で画材を整頓していると、横の区画をタカコさんが陣取った。

声をかけると、珍しくタカコさんが物憂げな表情を浮かべていた。どうしたのだろうと思いつつも、凜さんは鏡を広げて大きなクロッキー帳に鉛筆を走らせながら絵の構想を練った。

ふと横を見ると、タカコさんは鏡を開いたり閉じたり、鏡を見ずにクロッキーにアタリを取ったりと、どこか挙動不審な行動を繰り返していた。周りの学生が続々と制作の準備に移るなか、下書き用紙に描かれたタカコさんの絵は、鏡を見ていないのだから当たり前だが驚くほど似ていなかった。

「横着しないで、自分の顔をよく観察しなさい」

タカコさんのもとへやってきた講師が言った。うなずいたタカコさんは足元に閉じていた鏡を開いてイーゼルに置き、鉛筆を研いで自分の顔を描きうつしはじめた。いつもなら魔法のようにすばやく像を摑《つか》むのに、なぜか遅々として進まなかった。

凜さんはこんなにぎこちないタカコさんを見るのは初めてだった。様子が心配で自分の制作に集中しきれず、時折タカコさんの方を見やっては進捗を確認したが、よく見ていると、タカコさんは鏡を見ているふりをして、まったく見ていないことに気がついた。よほど自分の顔を鏡で見るのが苦手なのだろうか。凜さんは不思議な気持ちになった。

横からガタン、という音がしたのはしばらく経ったころだった。驚いて見るとタカコさんが低い椅子から落ちて腰を押さえていた。

「大丈夫？　怪我はない？」

そばに寄って声をかけるとタカコさんはうなずいたが、真っ白な顔で「気分が悪い」と言い、そのまま早退していった。

大学終わりに凜さんはタカコさんの家に寄って料理を作ることにした。出迎えたタカコさんは笑顔を浮かべ「さっきはごめん」と言った。覇気はなかったが、顔色はもとに戻っているようだった。

「美術予備校に通ってたころにさ、夏期講習で自画像の課題が出てさ」

台所に立つ凜さんの後ろでタカコさんが言った。

「私、真剣に取り組んでたの。夜遅くまで制作してていい予備校だったから、誰よりも遅くまで残って、鏡と制作中の作品ばっかり何時間も見てさ。そしたらだんだん、鏡に映る自分の顔が変に思えてきたの」

はじめは勘違いかと思ったという。顔色がうっすらと青ざめ、血色が失われた色をしているのも、疲れが溜まっているせいで片付けようとした。しかし、次第に気のせいでは済まないほどに顔が変わり、だんだんと茶色味がかって部分的に赤黒くなっていった。タカコさんは戸惑って筆を止め、鏡を覗き込んで観察すると、顎を囲むように赤いアザができていることに気がついた。それまで見たことはなかったが、首を吊った人はきっとこんなふうになるのではないか。タカコさんはそう直感した。

タカコさんはいてもたってもいられなくなり、急いで鏡を閉じてお手洗いに走った。大きな洗面鏡に映る顔にはひとつもおかしなところはなかった。疲れすぎて幻を見たのだろうか。タカコさんはほっと安堵した。ところが、それからというもの、長時間鏡を覗いていると、だんだんと自分の顔色が変わっていってしまうのだという。その気配を感じるたびに、タカコさんは自分の今後に暗いものを予感してしまうのだという。

だから自画像だけはどうしても描けない。いったいどうしたら、鏡を見ずに済むだろう。タカコさんはため息をついた。凜さんは、ようやくタカコさんの部屋に鏡がないことに気がついた。彼女の化粧気のなさや、後ろにひとまとめにした髪型の理由がそこにあるようだった。

結局タカコさんは、凜さんの勧めで、自画像の課題にこっそりと自分の写真を持参することで乗り越えた。

大学を卒業してから二人は離れた場所で仕事をしながら暮らしているが、凜さんは彼女と末長く友人でいようと心に誓っている。

# 姓

オンラインゲームで出会って数年になる十代の友人が、不思議な体験談を教えてくれた。私はそれを書籍『怪談びたり』に書き、お礼としてできあがった本を送った。

先日、その友人とオンラインで通話しながら遊んでいるとき、面白いプレイヤーとマッチングした。友人とそのプレイヤーは同じマイナーな武器を持っていて、戦い方や押し引きの加減もよく似ていたので、私と友人はそのプレイヤーについてたびたび話題にした。

一時間半ほど熱中して遊んでいると、だんだん見知らぬそのプレイヤーとキャラクターの動きだけで意思の疎通が図れるようになった。同じチームになれば喜び、敵チームになれば戦った。

その時間があまりにも楽しかったので、遊び終わったあと私はそのプレイヤーに友達申請をした。ついでに相手のツイッターアカウントもゲーム用の匿名アカウントでフォローして、簡単なお礼の挨拶を送った。すぐに丁寧な返事が届き、ありがたいことにまた遊びましょうと言ってもらえた。

それから数ヶ月が経ったころ、ゲーム用アカウントにダイレクトメッセージが届いた。

「『怪談びたり』読了しました！　またハイカラスクエア（ゲーム上の街）でお会いしましょう」

聞くと、書店に行った際にふと『怪談びたり』を手に取り、その後、作者をツイッターで検索したところ、私のゲーム用のアカウントと〝深津さくら〟が相互フォローになっているのが確認できたので、私の日ごろのつぶやきなどから本人ではないかと察したのだという。

ゲーム上でたまたま出会った人と繋がって、その人が書店でたまたま手に取った一冊が自分の書いた本である確率はいかほどだろうか。

もともと心霊スポットやオカルトに興味があったという彼は、これまで不思議な体験を数多くしてきたという。ぜひぜひと話を乞うと「その前に軽く自己紹介をします」と彼は言い、ハンドルネームではなく本名を教えてくれた。

「菱川コウスケ、二十八歳です」

おや、と思った。彼と知り合ったときに遊んでいた十代の友人も菱川さんなのだ。偶然に偶然が重なった形だが、おいそれと口に出せることではないので私は素知らぬふりを装った。

通話アプリを介して、私は取材をはじめた。

「まず、僕が怪談や心霊に興味を持つようになったきっかけについてお話したいと思います。中学生のときでした。クラスでこっくりさんが流行したときに、十円玉に乗せている数人の指の上に、白い狐の脚がチョコンと乗っていると言った女子がいたんです。僕はそのとき〝見える人〟に初めて会ったんですが、その体質をとてもうらやましく感じて、そのときから不思議なものを追い求めるようになりました。その女子は、たまたま同じ菱川という名字だったんですが……」

唐突に三人目の菱川さんが現れた。怪異と菱川姓にはゆかりがあるのだろうか？　私は気もそぞろに続きを聞いた。すばらしい体験談の数々だった。

二日後、東京駅で食べた夕食のレシートには〝担当ヒシカワ〟と書かれていた。

なにかがおかしい。

その三日後、仕事用のメールアドレスに、映像会社から出演依頼のメールが届いた。

「お世話になっております。私、株式会社○○の菱川と申します」

おかしすぎる。

菱川姓は決して珍名字というわけではないが、クラスに一人、二人いるようなありふれた名字でもない。しかも、菱川さんたちの居住地はばらばらなので、地域に偏った名字というわけでもない。宝くじか。宝くじを買うべきか。

結局くじは買わなかったが、せっかくなので、大学卒業以来疎遠になっていた菱川さんという同級生に久しぶりに連絡を取った。

はじめは久しぶりの距離感に緊張したものの、電話でいろいろと近況を話していくうちに当時と同じくらい打ち解けた。今は怪談を仕事にしていると言うと、彼女は「本当!?」と大きな声をあげた。

「昨日、まさに変なことあったんだよ！　ねえ、聞いてくれる?」

そしてまた、菱川さんの怪談がはじまった。

# 瞑目

「そうですね、今井さんのご経歴ですと、ビジネスマナーや礼儀作法を求められるお仕事で強みが発揮できるかもしれませんね。ご転職が多い理由を気にする雇い主は多いかもしれませんが、これまで希望されていた職種にこだわらず、範囲を広げて探していけば見つかるかと思います」

職業安定所の職員はあくまで温和に言った。今井さんはそれまで、営業職、販売員、ホテルマン、レストランの給仕、コールセンターと職を点々としてきたが、一年前に大手企業の小会社の社員となって胸をなで下ろしたのもつかの間、突然会社の倒産を言い渡され、ここ数ヶ月のあいだ就職活動をしていた。

「では……おっしゃる通り、仕事の範囲を広げて考えたいと思います」

「わかりました。では、正社員かつ、マイカー通勤可能という条件で、いくつかご紹介します」

今井さんはそうして納棺師の仕事を得た。事業所は市街地の一角に建つビルのなかにあり、内勤の職員たちは穏やかな雰囲気で今井さんを迎えてくれた。

「うちは未経験で入ってくる方がほとんどですから、私たちも教えるのは慣れています。まずは横で見て仕事を覚えながら、現場に慣れていってください」

新人教育を担当するベテランの上司が言った。

納棺師の一日はこうだった。早朝に事業所に出勤したあと、三人一組になって社用車に乗り込み、故人の自宅や葬儀会館、病院などに出向く。遺族と挨拶をしてお悔やみを伝え、納棺の希望や内容を相談し、湯灌の道具を設置して丁寧に遺体を洗い清める。遺族が希望する装束を着せ、首元や腹部の付近にドライアイスを設置する。身体の細部や髪を整え、より生き生きとした表情に見えるように死化粧を施したら、遺族とともに納棺を行う。一チームあたり一日五件ほどの依頼に応じたが、急な依頼が入る日はもっと多忙になることもあった。

ご遺体に触れる前には、必ず手を合わせること。決して大声を出したり笑顔を見せたりしないこと。なによりも遺族と故人の時間を大切にすること。旅立ちを見送る邪魔にならないよう、配慮すべきことはたくさんあった。また、各家庭ごとの希望や宗教の違いに寄り添う必要があり、今井さんが納棺の仕事に慣れていくまでには長い時間がかかった。しかし、上司たちは今井さんの仕事ぶりの丁寧さを褒め、今井さん自身も故人や遺族に寄り添うことのできる仕事にやりがいを感じるようになっていった。

仕事をはじめて数ヶ月が経ったある日のことだった。午後の仕事を終わらせたあと車に乗り込むと、上司が「もう一件追加になった」と告げた。昼夜を問わず緊急の仕事が入ることは日常茶飯事だったので、今井さんは家族に簡単な連絡をして業務にあたった。

田舎道に車を走らせ、指定された住所に到着したころには、とっぷりと陽が暮れていた。大きな平家の前に中年の女性が待っており、疲れた様子ながら丁寧に今井さんたちを出迎えた。

故人の姉を名乗る女性は「バタバタしてしまって、家が散らかっていて申し訳ないのですが」と玄関へ案内した。

故人は客間の布団に眠っており、顔に白い打ち覆いの布がかかっていた。今井さんの上司が納棺の希望を確認するあいだ、年配の女性が三人にお茶を出し「どうか息子をよろしく頼みます」と丁重に腰を折った。

「湯灌は省いて、拭いてやるだけで大丈夫です。それから、できたらゆっくりと安らかに眠らせてやってください。あとは納棺までお任せしますので」

故人の姉は言った。

「もちろん、私どもは故人様の安らかな旅立ちに、できる限りのお力添えをさせていただきます」

上司が言うと、彼女は礼をして席を立ち、母親とともに隣の部屋へ移った。

三人は「では」と故人の遺体に向き直り、数珠を持ち手を合わせて挨拶をした。上司二人が清拭の準備を進めるあいだ、今井さんは遺体の顔にかかっていた打ち覆いをゆっくりと両手で除いた。

眠っていたのは中年の男性だった。顔の血の気は引き、頬は痩せ、まぶたが大きく開いて、大きな目が天井を見上げていた。まるでなにかにひどく驚いているような表情だった。

今井さんは、これほど目を大きく開けた故人を見るのは初めてだった。動揺が顔や仕草に表れないように、いつも以上に丁寧に納棺の手順を踏んでいくことに決め、改めて手を合わせた。上司が近寄ってきて、隣の部屋の遺族に聞こえないように小さな声で今井さんに耳打ちをした。

「珍しいケースだけど経験になるから、ここから今井さんが死化粧をしてください」

作業は手早く進められた。故人の服を脱がせて全身をきれいに拭き清め、三人で協力しながら白装束を着せたあと、手を組ませて胸の上に置いた。上司がドライアイスを身体の水分が多い箇所に置いているあいだ、今井さんは髪に櫛を入れて整え、やせた頬に綿を詰めて、血の通ったかのようなふっくらとした頬を作った。

問題は見開いた目をどうするかだった。まぶたに指を添えて閉じようと試みたが、一時的に閉じてもすぐに元に戻ってしまった。今井さんは故人の両目に目薬を注して滑りをよくしたあと、両まぶたを下ろして手を添え、水分がある程度飛ぶのをしばし待った。

慎重に手を離した次の瞬間、まぶたがゆっくりと持ち上がった。先ほどまで天井を見上げていた故人の二つの目が、今度は今井さんの目をまっすぐ見つめていた。

今井さんは震える手でもう一度同じ工程を繰り返した。今度は先ほどよりも時間をかけて、しっかりと目元を押さえた。時間をかければ、ほとんどの場合は形状が保たれる。この故人もそうに違いないと自分に言い聞かせた。

しかし、結果は同じだった。手を離すとすぐに目が見開かれ、今井さんの目を見つめ返してきた。

今井さんは思わず声にならない声を漏らした。横で作業をしていた上司がただならぬ様子に気づき、なにも言わずに今井さんの作業を引き継いだ。

今井さんは少しだけ故人から離れて深呼吸をした。全身が冷たくなっていくのを感じながらかたく目を閉じると、まぶたの裏に、こちらにまなざしを向ける故人の顔が焼きついたように浮かんできた。

今井さんは、それを振り払うようにまばたきを繰り返した。しかし、そうすればするほどにくっきりと像が見えるようになっていった。

結局、誰も故人のまぶたを閉じることはかなわなかった。死化粧で血色がよくなった故人は、息を引き取っていることが信じられないほどに生き生きとして見えた。

帰りの車で誰もが言葉少なになっていた。助手席の上司がチームの労をねぎらい、ぽつりとつぶやいた。

「ゆっくり眠らせてやってって、挨拶のときにお姉さんが言ってたな。あれは日を閉じてやってくれってことだったよな」

今井さんは言った。

「あの。まぶたを閉じると、そのたびにさっきの故人様の顔がくっきり見えるんです。薄くなるどころか写真みたいに鮮明になってきて。どうしたらいいでしょう」

上司は慎重に言葉を選びはじめた。

「この仕事を続けていたら、多かれ少なかれ皆そういう経験をするものなんです。でもたいていの場合、害はありません。で、そういうのが積もり積もっていくと、不思議と受け入れられるようになっていくんですよ」

「そういうものですか……」

それから、帰宅しても、生まれたばかりの子どもの顔を見ていても、風呂場で髪を洗っていても、ベッドに入っても、まぶたを閉じるたびに故人の顔がくっきりと浮かんで見えた。そのたびに、故人はなぜあんなに驚いたような顔をしていたのか、なぜ一度まぶたを閉じたあと眼球が左右ともこちらを見るような形に動いたのか、考えても答えの出ないことを繰り返し想像してしまった。翌日以降も状況は変わらず、もはや眠ることもままならなくなっていった。

それからほどなくして、今井さんはひどく体調を崩した。長期的な通院が必要になり、会社を辞めざるを得なくなったことで、上司たちは「優秀な人材を失うのは惜しい」と言いながら別れとお見舞いの言葉を贈った。事業所に納棺の制服を返却し、荷物を引き上げて家に帰ると、妻は明るくこれまでの労をねぎらった。

「あなたはよくやったよ。今はゆっくり身体を治しましょうね」

今井さんの納棺師としての最後の夜だった。部屋を暗くして子どもを寝かしつけている最中、仕事で訪れたさまざまな場所や出会った人々との思い出が去来した。やがてかすかな眠気がやってきてウトウトと目を閉じたとき、まぶたの裏に住み着いたあの顔が、嘘のように消えてなくなっていることに気がついた。

# 掃除

葵さんの娘が初めて発した言葉は「なな」で、ななは葵さんが独身時代から飼っている大きな猫の名前だった。娘は次に「ママ、パパ」と呼べるようになり、「いや」「あっち」などだんだんと意思を伝えられるようになった。二歳を過ぎたころに二語文を話しはじめてからは、目を見張るような早さで言葉を習得し、自己主張をするようになっていった。三歳を過ぎると大人相手にはきはきと話せるようになり、小柄な体格とのギャップも相まってよく周囲を驚かせた。

ある午後、孫の様子を見に葵さんの母親が訪ねてきた。母は隣町の実家から時々遊びにきては、家事や子育ての手伝いをしてくれていた。

葵さんの母は昼寝をしている孫を横目に見ながら、しみじみと葵さんが幼かったころの思い出話をした。葵さんが娘を生んでからというもの、母は昔を振り返る話が増えたのだった。

「そういえば、あんたが今のあの子くらいのころだったと思うけど、雑誌かなにかに載ってたオカルト特集を読んだのよ。そこに、子どもは三、四歳の言葉を話せるようになって間もないくらいのころまでは、生まれる前の記憶を持っているって書いてあって、私、一回聞いてみたんだよ。葵、生まれてくる前はどうしてたのって」

「そしたら？」

「あんた〝葡萄を食べてた〟って言ったの。私、妊娠中、葡萄がとにかく食べたくて仕方がなくて、毎日のように摂っていたのよね。でも、そんなの子どものあんたは知る由もないことだったから、こんな話もあながちでたらめじゃないのかもしれないと思ったわ」

　その晩、風呂に入っていた葵さんは、一緒に湯船につかる娘に冗談半分で尋ねてみることにした。

「ねえ。お母さんのお腹から生まれてくる前のこと覚えてる？」

　娘は、迷いなくはきはきと「覚えてるよ」と言った。面食らう葵さんに娘は続けた。

「赤いお部屋に住んでたよ。ピアノがあって、それから丸い窓があって、お外を見てた」

　思いがけず可愛らしい答えが返ってきて、葵さんは胸が温かくなった。テレビや絵本で見たものを、昔の記憶であるかのように感じているのだろうか、そう思いながら話を続けた。

「赤いお部屋は、どこにあったの？」

「えー、わかんない」

「ひとりだった？」

「うん。でもさ、ママも一緒にお部屋のお掃除したよね。覚えてる？」

二つの大きな瞳がまっすぐ葵さんを見上げていた。戸惑いを覚えた葵さんの心の内に、次の瞬間、弾けるように蘇るものがあった。

四年ほど前のことだ。ある晩、葵さんは自分の手のひらを眺めながら、自分が夢のなかにいることを自覚した。

そして、なぜ自分がそうするのか理由もわからないまま、椅子に腰掛けた状態で足を大きく開き、上半身を猫背に折り曲げて自分の股を覗き込んだ。そのまま両手を合わせてさらにねじるように背中を曲げていくと、どんどん自分の上半身が小さくなっていくのを感じた。巨人のようになった自分の右足と左足の間には民家のような扉がついていて、いつの間にか全身が独立して小さな姿になった葵さんは扉を開けて奥へと入っていった。

廊下の奥はがらんと広く、天井も床もなにもかもが真っ赤だった。窓から柔らかい光が差し、ベッドや空っぽの本棚や小さなピアノやカーテンを照らしていた。しかし、とにかく空気が埃っぽく、あちこちに蜘蛛の巣が張っているので、葵さんはいつの間にかそばにあったハタキや雑巾を使って掃除をはじめることにした。蜘蛛を窓から追い出し、ゴミを一箇所に集め、床にモップをかけた。

どれくらい経ったころか、そばで黙々と掃除を手伝う人がいた。背のすらりと高い十代後半くらいの少女で、当たり前のように場になじんでいた。そこから二人は協力して部屋を磨き上げた。見違えるほどぴかぴかになったころ、葵さんは夢から覚めた。

妊娠が発覚したのはその後すぐのことだった。それを機に交際していた相手と入籍して、やがて娘を出産した。

娘は、あの風呂での会話以来、二度と赤い部屋のことを話さなかった。一年ほど経ったころに再び尋ねたときには「忘れちゃった」と返ってきた。きっと時が過ぎたのだろう、と葵さんは解釈した。

もしも娘が成長して夢で出会った少女と姿が似はじめたら、葵さんはそのときこそあの邂逅についての話をすると決めている。

# あとがきにかえて

四月初旬のある日、父から電話が入った。祖父が亡くなったという報せだった。今朝、自宅で息を引き取り、今晩には通夜をして、明日葬儀と告別式と火葬を一気にするのだという。祖父と二人で暮らしていた祖母は「忙しいさくらさんに気を遣わせたくないから知らせないで」と言ったらしいが、父はその説得を聞かずに私に連絡を入れたのだった。

私は翌日に予定していた仕事をキャンセルさせてもらい、スーツケースに喪服を入れて九州新幹線に乗車した。ＪＲ新大牟田駅の到着は午後八時過ぎの予定だった。あいまに父と連絡を取り合い、駅まで車で来てもらってその足で葬儀場に向かう段取りを固めた。

だんだんと暮れていく車窓を見ながら、私は『怪談まみれ』の続きを書いた。自分が今、祖父の葬儀に向かっているという実感は、少しも湧いてこなかった。

最後に会ったとき、祖父はきれいなモーニングを着て私の結婚を祝ってくれた。病気だったことが嘘のように、式場のコース料理をおいしいと言って完食していた。十代のころは、潜伏キリシタンに興味を持っていた私を長崎の教会や小島へ連れていってくれたし、私が京都の大学で一人暮らしをはじめたときは祖父母で遊びにきてくれた。ずっと離れて暮らしていたけれど、時々九州に遊びにいけば、絵の描き方や魚の釣り方や、いろいろなことを教えてくれた。その祖父が亡くなったなんて本当だろうか。

ＪＲ新大牟田駅はとても立派で閑散としていて、改札の前には疲れた様子の父が立っていた。遠方に暮らす父は丸一日車を飛ばして、先ほどやっと到着したのだという。

喪服に着替えて葬儀会館に向かうと、暗い駐車場にぽつんと祖母が立っていた。祖母は私の姿を見るとしばらく固まって、いつもの大きな声で「会えて嬉しい」と言った。通夜はすでに終わっていて、がらんとした明るい斎場に白い棺が置かれていた。デジタルモニターの遺影には笑顔が映っていた。

祖父は七十八歳だった。若いころは病院知らずだったが、最後の数年間はさまざまな病気に冒されて、入院や手術を重ねるうちに寝たきりになった。会いにいかなくてはと思っているうちに新型コロナが流行し、結局私は会わずじまいになった。痩せた祖父の亡骸を見つめていると、ようやくじわじわと現実感が湧いてきた。それでも、会いにこなかったのに涙を流すなんて自分勝手じゃないだろうかと思えて、深呼吸とまばたきをして涙を堪えた。

夜が更け、葬儀会館で眠るという祖母と父と別れて私はひとりでホテルに帰った。簡単なカラオケルームのような部屋のベッドに横になりながら、祖父とのさまざまな思い出が去来して、結局少しも眠れなかった。

翌朝、ホテルまで迎えにきた父が言った。

「夜中、五歳くらいの子どもに頭を叩かれて三回も目が覚めたんだ。ろくに眠れなかった。まあ場所が場所だけにいろいろあるのかな」

父は幼少期から不思議なものを見たり聞いたりする体質を持っていたらしい。ただ、歳を取ってそういった体験は大分減ったので、今回はかなり久しぶりだったという。いつもなら詳しく話を聞かせてもらうところだが、そのときの私は会話に身が入らず「そうですか」と曖昧に受け流してしまった。

葬儀会館には祖父が残した絵や彫刻の作品がたくさん飾ってあった。ロビーには仏教画や書作が並び、祭壇にはかわいらしい雀や幻想的なふくろうの木彫が置かれ、さながら展覧会のようだった。生き生きとした筆致には、祖父の大らかさや優しさが表れているようだった。

葬儀会館の女性職員によって、葬儀の開始が告げられた。現れた住職は後ろに僧侶の女性を連れていた。住職は祭壇の前に座り、その真後ろにぴったりと女性が座って、経典を開き声を合わせて読経をはじめた。喪主の祖母、父に続き、形式に沿って焼香をして手を合わせた。読経はなおも続いた。

十分ほど経ったとき、読経中の女性の僧侶が左の首元を手で払うような仕草をはじめた。汗を拭くようだがよく見ると首元には触れておらず、なにかをつまんで離すような、虫を払うような不思議な仕草だった。左手には経典を持ち、右手で木魚や鈴を鳴らすのでとても忙しそうだったが、お経は詰まることなく伸びやかに続いた。

葬儀が終わり住職と女性が去ると、列席者は棺に最後の花を手向けた。祖母や親族は、祖父が好きだった食べ物をたくさん持ってきていて、棺の中はうなぎの蒲焼や肝吸、混ぜご飯のおにぎり、たくさんの饅頭、コーヒーなど、この数年間祖父が口にできなかった食べ物でいっぱいになった。

出棺を終えた一同は火葬場へ移動することとなった。春なのに二十五度を超える、よく晴れた土曜日だった。

火葬場はだだっ広く、外気とは打って変わって冷え冷えとした空間だった。無機質な火葬炉の扉が一列に並び、一から六まで番号が振られていて、私たちのほかにも三組ほどの遺族たちが同じように故人と別れていた。職員に促された父が出棺のボタンを押すと長いブザーが鳴り、祖父の白い棺は銀色の扉の奥にゆっくり流れていった。

葬儀会館や火葬場の人々は神妙な面持ちを決して崩さず、しかしどこか流れ作業のようでもあった。それは当たり前のことだ。彼らは祖父の人生や人となりを知らず、ただ死者として丁重に扱うのみなのだから。ほかの葬式と変わりがあるわけでもない。ただ、祖父のための最後の時間であるはずなのに、遺族たちは与えられた時間内に与えられた様式に従って涙を流し、お別れを言って、心の整理をつける必要に迫られているような気がして、その他人事のような遠さが私に取っては少し物悲しくもあった。

私は外の空気を吸いたくなって駐車場に出た。森の方から子どものはしゃぐ声が聞こえて、見上げると小高い山から山へかかる橋を家族連れが楽しそうに渡っていた。どうやら、すぐ近くに動物園があるようだった。

火葬が終わるのを待つあいだ、私は父と動物園で過ごすことにした。死の気配などひと欠片もない子どもたちの後ろから、喪服の私たちはツキノワグマやモルモットやカメを眺めた。

動物のにおいがする起伏の激しい坂を登りながら、父が言った。

「さっき笑いそうになってさ。葬儀会館でお経を読んでもらっているあいだ、気づいたら五歳くらいの坊主頭の子どもが元気に走り回っててさ。親父の棺の上でジャンプしたり、挙げ句の果てには住職の後ろにいた娘さんの首をつついてちょっかいをかけたりして。娘さんすごく嫌がって手で払ってたのに、本当にしつこくてさ」

　私には父の見たものについてまったく共感できなかったけれど、女性のその仕草については思い出すことができた。どうやら、父の目には、相当ないたずら好きの子どもが映っていたらしい。私たちは汗だくになりながら動物を見て、きっちり一時間半が経ったころに火葬場に戻った。

　遺骨を拾う号令がかかったとき、祖母はロビーのソファから立とうとしなかった。長年連れ添った伴侶の遺骨を見ないことに決めた祖母の気持ちは、私には想像もつかなかった。祖母以外の親族は、闘病の痕跡がうかがえる脆い遺骨を拾って小さな骨壺に収めた。

　すべてが終わって外に出ると、陽があざやかに傾いていた。骨壺を抱いて車に乗り込む祖母を置いて大阪に帰る気になれず、私はその晩、祖母の家に泊まることにした。

　介護用品が所狭しと置かれた部屋で、誰よりも疲れているはずの祖母は私と父にお茶を入れてくれた。そして、ここ数年間の看病や介護がどんな風だったか、ぽつぽつと語りだした。それは私が電話で聞いていたよりもずっと大変な暮らしだった。やがて話は祖父とのなれ初めや、印象的だった出来事に移り、祖父の子ども時代の話になっていった。祖父は裕福な家の長男として京都で生まれたが、親の事業が戦争によって縮小を余儀なくされたことにより、家を売って福岡にやってきたのだという。

「そういえば、昨日、今日と変な子どもを見てさ」

父は、いたずら好きの子どもについて祖母にも話して聞かせた。祖母は「さくらさんの得意分野ね」と笑いながらも神妙に耳を傾けて、ぽつりと言った。

「お父さんの骨を拾うとき、私、ロビーで待っていたでしょう。そうしたら、骨を拾っている部屋の上の方に光り輝く雲が見えて、その隙間から坊主頭の子どもが覗いていたのよ」

それは不思議な符合だった。祖母と父が見た子どもは、外見的な特徴も一致するらしい。父と私は、葬儀場に住みつく子どもなのではないかと想像していたが、祖母が火葬場で見たことを考えると、もっと別の、もしかすると自分たちが知っている子どもなのかもしれない。あれはいったい誰だったのか、祖母と父は真剣に話し合った。しかし、知っている限りでは、身の回りで五歳ほどで亡くなった子どもはいないし、先祖の代まで記憶を遡ってみてもそれは同様だった。

「もしかして、親父が子どもの姿になって遊んでいたのかな」父がぽつりと言った。

「そうね、お父さんやったりしてね」祖母が言った。

突拍子もない想像だった。しかし、なぜかとても納得がいった。坊主頭の子どもの自由奔放な行動はすべて、なんだかとても祖父らしかったのだ。

そして私たちはささやかな想像をした。寝たきりで半身不随の肉体から離れた祖父が、もっとも体を自由に動かせる子どもに戻って、心の赴くままに遊んでいる。歳を取っても子ども心をなくさなかった祖父のことだ。どれだけ体を動かしたかったことだろう。私たちは、祖父が自分の棺に飛び乗ったり、寝ている父の頭を叩いたり、若い女性の僧侶にちょっかいをかけている光景を思い描いて大笑いした。

それは、残された者が死を受容するために必要とした物語で、怪談が生まれた瞬間でもあった。

祖母は顔をくしゃくしゃにしてひとしきり笑ったあと、「まあ、しばらくは片付けで忙しいけれど、介護に追われずゆっくり暮らして、時々は旅行に出かけたいわ」とこれからの展望を話した。私は必ずまた祖母と会う約束をして、翌日の朝に大阪に帰った。

時が経てば、葬儀の記憶はだんだんと薄れていってしまうだろう。けれど、三人で怪談を語って笑ったあのときのことだけは、いつまでも記憶のなかに残り続けるに違いないと思っている。

怪談は、体験者に必要とされて生まれてくる。それは、本書のほかのどの怪談をとっても同じだろう。だからこそ、本書を形にできたことは言葉にし尽くせないほど尊い出来事で、貴重な怪談を預けてくださった体験者の皆さまには感謝の念に堪えない。

最後に、至らない私をずっと支えてくださった担当編集の千田麻利子様、素敵な装丁を手がけてくださった鈴木千佳子様、本書を手にとってくださった読者の皆さまに、心からの感謝と御礼を申し上げます。